中共安徽省委党校（安徽行政学院）资助出版

电子商务特色专业建设之路
——成果汇编

王帮元　何　鲲◎编著

中国纺织出版社

图书在版编目（CIP）数据

电子商务特色专业建设之路：成果汇编／王帮元，何鲲编著．-- 北京：中国纺织出版社，2019.4（2022.8 重印）

ISBN 978-7-5180-6072-6

Ⅰ.①电… Ⅱ.①王… ②何… Ⅲ.①高等学校—电子商务—学科建设—研究—中国 Ⅳ.①F713.36

中国版本图书馆 CIP 数据核字（2019）第 062717 号

责任编辑：刘　蕊　　责任校对：寇晨晨
责任设计：肖　博　　责任印制：王艳丽

中国纺织出版社出版发行
地址：北京市朝阳区百子湾东里 A407 号楼　邮政编码：100124
销售电话：010—67004422　传真：010—87155801
http: //www.c-textilep.com
E-mail: faxing@c-textilep.com
中国纺织出版社天猫旗舰店
官方微博 http://weibo.com/2119887771
佳兴达印刷（天津）有限公司印刷　各地新华书店经销
2019 年 4 月第 1 版　2022 年 8 月第 4 次印刷
开本 :710×1000　1/16　印张 :14.5
字数 :200 千字　定价 :88.00 元

序言

安徽行政学院（安徽经济管理干部学院）自2010年获得电子商务省级特色专业建设点项目以来，一直致力于本专业内涵建设，积极开展校企合作与创新创业教育，在人才培养模式、课程改革及实习实训基地建设等专业建设方面取得突出成效。

随着互联网技术的飞速发展，电子商务专业人才培养模式的改革和创新已迫在眉睫。电子商务专业团队在进行市场调研和人才岗位要求分析的基础上，于2010~2018年，每三年进行一次大的人才培养方案调整，引企入校，加强校企合作，推进电子商务专业教学改革向纵深发展。自2015年开始，我校通过分析高职人才培养的定位和电子商务学科的特殊性，积极探索构建高职电子商务专业“现代学徒制”人才培养模式。通过学院教师传授学生理论知识与基本技能，企业导师指导学生完成职业岗位实际操作和综合技能的实训，采用人才校企协同、联合培养的方式，实现校企双元育人。

在课程设置与教学模式改革与实践中，采用“案例教学”，以实例作为引导，进行模块功能划分，交互运用，实战分析，并逐步导入创业教育思想，让更多的学生参与到电子商务创新创业中来。在考核方式的改革上，将实训项目研究和设计任务作为考核的一个主要部分，以创业实践课程与教学进程表中课程互通的考核模式代替“学分制”考核模式。

电子商务实习实训基地建设获得了省级创客实验室建设计划项目，省级校企合作示范实验实训中心项目，以及省财政资金支持的全程电子商务实训基地项目立项。2016 年教研团队获批了学院重点学科专业团队建设项目。目前，教研团队成员主持参加国家社科项目 2 项，省、市各类教学科研项目 36 项，获得国家专利 5 项，出版专著 3 部，发表教研论文 40 多篇（其中 SCI、SCSSI、EI、CSCD 核心期刊论文 8 篇），获得省级教学成果二等奖 4 项。

通过近几年坚持不懈的努力，电子商务专业建设已取得了丰硕成果，在全省高职院校电子商务专业建设改革中具有一定的影响力。在此特祝贺这本凝聚着专业建设团队心血的成果汇编正式出版，也希望专业建设团队的成员们能够不断扩大并完善建设成果。该图书的出版和发行，将在更广泛的范围内检验电子商务省级特色专业建设的成果。我们希望电子商务省级特色专业建设团队以新的重大教改项目为专业建设新起点，对接现代职业教育建设专业理念，不断根据经济建设和市场发展，调整人才培养方案，丰富和完善专业建设新模式，为培养适应安徽经济建设需要的人才做出不懈努力。

在此之际，向关心、支持和帮助我院电子商务省级特色专业建设的各级领导、兄弟院校的专家教授、实习实训基地的导师们表示衷心的感谢，并期望在后期工作中继续支持我们，以便我们能够更好地完成学院的专业建设和人才培养工作。

安徽行政学院（安徽经济管理干部学院）

教务处　处长

2019 年 1 月

项目团队人员组成

电子商务专业团队整体实力雄厚，师资力量强大。团队中现有专兼职教师13人，平均年龄37岁。其中，教授5人，副教授2人，讲师5人，具有博士学位的4人，硕士学位的6人。电子商务教学团队已形成了一支以中青年骨干教师为主体，结构科学、梯次合理、实力雄厚的“双师型”师资队伍。

何　鲲　教授，信息工程系主任

王帮元　教授（高级双师），电子商务省级特色专业负责人

刁　李　副教授（高级双师），教务处处长、省级电子商务团队负责人

周伟良　教授（高级双师），管理学教研部主任、省级电子商务专业带头人

周自斌　教授，省级示范实验实训中心负责人

吴　捷　安徽梦森科技有限公司总经理，电子商务专业实训导师

姜　婷　教授，电子商务专业骨干教师

李亚平　副教授（高级双师），电子商务专业骨干教师

王媛媛　讲师，电子商务专业骨干教师

王　军　讲师，电子商务专业骨干教师

张　萍　讲师，电子商务专业骨干教师

李二涛　讲师，电子商务专业骨干教师

张德勇　讲师，电子商务专业骨干教师

目 录

第一部分

高职电子商务专业人才培养模式研究

面向岗位群的高职电子商务人才培养模式研究与实践研究*

王邦元

一、电子商务人才需求及就业状况

（一）电子商务行业的人才需求

近年来，随着全球电子商务的高速增长，我国电子商务行业也发展迅速，使得电子商务人才严重短缺。同时，由于互联网用户正以每年100%的速度递增，国内电子商务行业的人才缺口相当惊人，国家政策正在大力支持电子商务的发展，商务部已经对电子商务给予极大重视，曾有国内专家预测，我国在未来10年大约需要200万名电子商务专业人才。从社会调查实践来看，绝大多数企业（多为中小企业）已陆续步入电子商务行列，采用传统经济与网络经济结合的方式生产经营。根据这一现象，可以知道中小企业步入电子商务行列急需电子商务人才，所以电子商务的就业前景是很可观的。

电子商务人才缺口大，尤其是一线运营人才，在国内电子商务行业如火如荼发展的同时，人才供给却相对缺乏，形成供不应求的局面。这主要是由于电子商务行业比较注重实践技能，虽然很多高校开展了电子商务专业，但是毕业生仅凭在校期间学到的专业知识是不能胜任工作的，导致专业就业率偏低，毕业生改投其他方向，更加剧了人才缺口的拉大。

截至2010年6月底，电子商务企业直接从业人员超过130万人，带动其他行业就业人数超过1000万人。如图1所示。

从我省电子商务专业应届毕业生绿色就业来看，大学生就业平均水平不高，许多企业和用人单位认为应届毕业生无法胜任岗位能力需求。从高校自身的专业建设情况分析，我们认为目前电子商务课程设置、教学方法还有待改革，同时学生缺乏电子商务就业岗位的实践训练也是造成电子商务人才供需矛盾的主要原因。随着信息技术的

* 教育厅2010年教研项目：面向岗位群的高职电子商务人才培养模式研究。

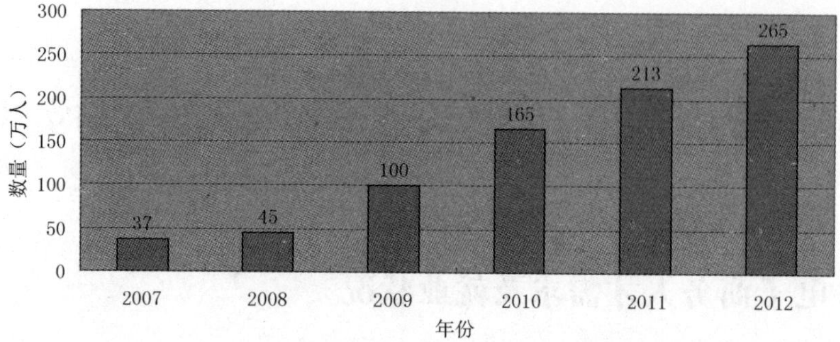

图1　电子商务企业直接从业人员数量

飞速发展，电子商务专业面临着急需解决的人才培养模式改革和创新研究问题。

人才培养模式改革和创新的焦点在于，学校应根据社会对人才需求的变化，及时对人才培养方案与人才培养途径进行合理的调整，从而使人才培养更符合人才培养目标。我们认为人才培养模式的改革重点是专业整体适应社会的表现。即当学校培养的人才与社会要求出现偏差时，学校应当以社会对本业人才的类型、规格要求为参照基准，对专业的培养目标、培养规格进行调整，进而根据培养目标与培养规格，调整专业的培养方案与培养途径，使之更好地适应社会需要。

在研究过程中，坚持以就业为导向，以能力为主线，以课程建设为突破口，建立有地方特色的电子商务人才培养模式，确立了“大专业，小方向，重特色”的专业建设指导思想，明确了电子商务专业人才生态链的重要环节：电子商务网站建设（搭建电子商务交易平台）→企业和产品的网络营销→物流配送（达成交易）。结合我院实际将电子商务专业细分为网站建设管理与网络营销方向。

根据艾瑞咨询和阿里巴巴集团旗下的阿里学院 2009 年联合发布的电子商务行业首份《中国电子商务从业人员职业发展及薪酬研究报告》（以下简称《报告》），目前，51.4% 的 B2B 企业在一年内有明确的电子商务人才需求；38.9% 的企业有潜在的电子商务人才需求。70.2% 的 B2C 企业在未来半年内有明确的人才需求，25.3% 的企业有潜在人才需求。具体的调查结果如表 1 所示。

根据《报告》显示，在全国范围内，广东、浙江和江苏三个省份和上海、北京两个直辖市排在全国电子商务人才需求量的前五位。这些区域均是电子商务行业比较发达的重点区域。《报告》中还显示，2009 年，广东省和浙江省的电子商务企业人才需求占全国电子商务人才总需求的 21.0% 和 18.1%。中国企业的电子商务人才需求增长趋势明显，但目前市场的用人需要满足率很低。因此，电子商务专业的开设和电子商务人才培养的重要意义在当前的经济形势下是毋庸置疑的。

表1　电子商务人才需求调查

类型	平均月收入（元）	人才需求量	人才需求类型
企业间电子商务业务人员	6800	51.4%的B2B企业在未来半年有明确的人才需求；38.9%的企业有潜在的人才需求	市场营销技能（78.2%） 电子商务技能（64.4%） 计算机技能（59.4%） 贸易实务操作技能（59.4%）
网上零售业务人员	6500	70.2%的B2C企业在未来半年有明确的人才需求； 25.3%的企业有潜在的人才需求	市场营销技能（53.9%） 电子商务技能（53.9%） 管理技能（53.9%）
C2C卖家及人员	2400	基本运营，销售推广员需求量较大	销售（79.9%） 管理运营（55.9%） 网络营销（45.8%）

（二）电子商务毕业生就业状况

教育部于1999年开设电子商务专科层次教育，2001年首次批准13所普通高校开展电子商务本科专业的招生。到2009年，开设电子商务专业的普通本科院校超过300所，开设了电子商务专业的高职高专院校近千所。

随着电子商务的快速发展，这些毕业生在进入人才市场时本应抢手，但事实并非如此，参照2006年教育部相关统计数据，近年来电子商务专业应届毕业生就业率仅为20%，而全国普通高校毕业生就业签约率是47%，电子商务专业应届毕业生就业率远远低于全国大学生就业平均水平。教育部公布的2007—2009年电子商务专业就业情况如表2所示。

表2　2007—2009年本专科电子商务专业就业情况统计

年份 类别	2007年	2008年	2009年
本科	B–	B–	C+
专科	B–	B–	B–

注　B–表示介于80%~85%，C+表示介于75%~80%。

从教育部公布的统计数据看，在2009年本专科专业就业状况中，本专科电子商务专业就业率均处于“B–”区间，即大于80%且小于85%。此数据较2006年之前有明显的提高，然而这一数据却受到质疑。究其原因，是由于教育部就业率统计在方法理解上的不同，但从市场层面看，电子商务专业的毕业生就业情况并不乐观。另外，按照教育部的数据，目前我国每年培养大约 8 万电子商务毕业生，其中高职层次占 70%左右，这也使得目前高职层次的电子商务人才培养已成为国内电子商务人才培养的主要方式。

从市场角度看，电子商务人才缺口巨大，但大量学生找不到与专业对口的就业岗位。联合国 TIPS 南京中心对江苏省电子商务专业学生做了一次广泛调查，调查显示 90%左右的电子商务“人才”找不到工作或者找不到专业对口的工作。同时，在 2010 年第九届武汉电子商务国际会议上，相关的调查结果也显示，电子商务专业人才就业在区域上也呈现较大差异，沿海比较发达地区与中西部所呈现的地区差异明显。造成这种局面的根本原因在于高校电子商务人才的教育和培养方面还存在欠缺。

二、电子商务专业人才培养存在的问题

（一）人才培养与市场需求相脱节

电子商务行业的发展十分迅速，电子商务的人才缺口巨大也是普遍的共识。然而，今天或是未来的电子商务市场需要什么样的电子商务人才，这些电子商务人才应该具备什么样的专业素质，高校尤其是高职高专院校研究还不够深入。高校在制订人才培养方案时，更多的是从学科专业的角度去设定学生所应具备的基本专业能力，而很少去研究当前电子商务市场的发展现状和未来趋势，缺少对未来电子商务行业内具体岗位的预见和把握，由此造成高校人才培养模式与市场需求相脱节。

同时，当前很多公司、企业对电子商务的应用意识不强，高职高专学生的就业去向是中小型企业，这类企业对于企业如何循序渐进地实施电子商务战略还缺乏足够正确的认识，企业信息化程度低，由此对于如何继续培养和使用电子商务专业的毕业生缺乏合理的方法，这也加剧了电子商务专业毕业生学无所用、用无所成的尴尬处境。

根据《中国电子商务从业人员职业发展及薪酬研究报告》对调研样本的统计，目前市场需求满足率仅达到 41%，企业电子商务职位空缺率超过 50%。艾瑞咨询同时发现：造成这一供给矛盾，既有企业自身的原因，又有社会培训体系目前完全不能满足市场的用人需要的原因。当职位空缺与社会供给发生矛盾时，企业往往选择宁缺毋

滥。引发这种现象的主要原因是：企业极为注重电子商务业务中的客户关系管理，担心不合适的员工会带来较差的客户体验，从而妨碍企业的深度发展。另外一方面，由于学校不了解企业相应岗位对知识、能力、素质的要求，从而对学生的培养脱离实际需要。而企业也没有利用学校资源，将新员工上岗融入企业的磨合期下移到学校，因此加大了招收新员工的成本。最后导致的结果是企业招不到需要的人才，学校培养的学生就业难。如我们学校电子商务专业设置较早，但与企业结合不密切，对企业岗位知识和能力分析不深入，很难培养出企业急需的电子商务人才。

（二）专业定位不明确

电子商务是个新兴行业，电子商务专业的开设也晚于其他传统专业。电子商务行业市场对人才的需求相对于传统专业具有多样性的特点，它需要的是不同层次、不同类别的电子商务人才。目前，大多数高职高专院校在开设电子商务专业时缺乏严格而科学的论证，对国内电子商务的市场需求以及电子商务专业的理论体系、培养模式等方面缺乏理论研究和实践，从而使得学校在设置电子商务专业人才培养目标时定位不准、方向不明。培养的是商务型的电子商务人才，还是技能型的电子商务人才？培养的是网站设计和数据库维护等技术型的电子商务人才，还是网络营销、网络调查等商务型的电子商务人才？毕业生能做什么工作，适合哪些就业岗位？对这些问题，高校在制定人才培养方案时虽均有提及，但过于空泛，难于实施，同时也缺乏相应的科学评价体系和保障措施。在这种情况下，许多高职高专院校培养出来的电子商务人才，必然缺乏针对性和适应性，出现需求旺但就业率低的矛盾也就不足为奇。

由于对市场需求的研究不够充分，各高校大多根据自身条件和对电子商务市场的理解，对电子商务专业进行定位，以区别其他专业，如物流、营销、贸易、管理、信息管理等专业，设定电子商务专业在所有招生专业中的位置。然而，由于行业有不同，企业亦有不同，所以市场对电子商务专业人才的需求也具有多样性，市场需要不同层次、不同类别的电子商务人才。因此，如果高校在开设电子商务专业时缺乏严格而科学的论证，对电子商务理论体系、培养模式、培养目标等方面缺乏理论研究和实践，就会造成人才的培养方向不明确、专业定位模糊的现象。培养的人才目标是管理型的电子商务人才、技术型的电子商务人才、营销型的电子商务人才还是以其他方面为主的电子商务人才便不明确，毕业学生到底适合什么工作岗位自然也十分模糊。因此，专业定位不明确，直接的结果是培养出来的电子商务人才必然难以满足企业的需要。

（三）课程体系不合理

课程体系是学校根据教育目的而设计的教育教学内容的具体结构。课程体系的合理性，对人才培养方案的实施和培养合格的专业人才具有重要的意义。国外高校课程改革的趋势主要是加强文理学科的相互结合和渗透，加强基础理论课程，重视学生综合素质的提高。借鉴国外高校的课程改革的理念，要以人为本，进行通才教育，避免纯科学主义和专门职业化的教育，而这一点在国内的高职高专院校的人才培养方案中并没有得到广泛的认同。国内的高职高专的人才培养为了避免通才教育的一些缺陷，着重强调专门职业化的教育。当然，从今天国内的高等职业教育现状来看，一味强调通才教育并不可取，更为合适的方式应该是在强调技能教育的同时，加大人文素质的培养，毕竟教育的目的不仅仅在于满足市场需求，同时也服务于受教育者的全面发展。

电子商务是一个综合类专业，其竞争优势就在于学生的综合能力。而在实际的教学中要做到培养综合类人才的确很困难，许多学校给电子商务专业开设了大量的课程。一种比较典型的情况是：专业课程当中，一半为商务管理类课程，一半为商务技术类课程。这种课程体系的设计，表面上看起来非常合理，而在实际中由于培养过程中没有重点，贪大求全，导致了电子商务的毕业生在社会上没有什么竞争力。

由于电子商务人才培养方向不明确、专业定位模糊，导致高校在课程设置和教学内容上出现盲目性，教学内容与岗位需求相脱节。在课程教学上只是简单地将计算机技术和商务课程进行叠加，或只注重商务类课程，或只注重计算机技术内容，对电子商务岗位所具备的知识、能力和素质要求没有进行深入的探讨。

同时，还需要注意到的是，现阶段我国电子商务专业教师大多是由经济与计算机专业方向的人才组成的，这样促成了在专业课程设置方面，电子商务的课程只是经济与计算机专业知识的一个简单堆积。部分高校甚至简单将国际贸易、网络营销、会计学、法律、管理、金融、互联网等课程罗列在一起进行培养。该怎样把电子商务课程组织好，学校该如何做好与社会的对接，是当前电子商务教育应该反思的一个重要问题。

（四）实践培养环节薄弱

电子商务专业是一个实践应用性很强的专业。目前，电子商务专业实践教学主要有两种方式，一是校内实验室的模拟教学软件的使用；二是校外实习。教育部在《关于加强高职高专教育人才培养工作的意见》中明确提出，高职教育要制订“理论联系实际，传授知识与能力培养相结合的教学计划”，实验教学应该尽量“减少演示性和验证性实验”。由此可见，高等职业教育应该不断地完善教学过程中的实践环节，以减少资源浪费，并将有限的资源有效地投入到实践环节，由此提高学生的学习兴趣，提高教学效果。

目前，很多高校都已经建立了相应的电子商务校内实验室，但实践教学效果并不理想，主要是由于电子商务行业发展太快，模拟软件功能不完善、与企业实际应用差距很大等因素造成的，学生的实习大都在虚拟的环境中操作，应用于未来的实际岗位的能力还存在明显的不足。

校外实习是对校内实验不足的一个重要补充，很多学校也都纷纷建立了自己的电子商务校外实习基地。然而我国很多企业尤其是中小型企业在电子商务应用方面还处于初级阶段，往往停留在域名注册、网站建设、企业信息发布等层面上，并没有真正实现网络交易、网上业务处理等，所以尽管学校建立了校外基地，但学生的实践性学习效果提升的培养方案仍需要不断改进。

（五）实训师资力量滞后

教育部1999年才开设电子商务专科层次教育，我国高校从事电子商务教学的教师绝大多数是由其他专业转过来的，这些教师更多是从事国际贸易、计算机、经济管理、企业管理、市场营销等专业的教学和研究，他们对于电子商务的理解也处在学习、探索阶段，更缺乏在企业从事电子商务的实践经验，教师在该专业方面的项目研究较少。因此，师资力量的薄弱，尤其是实训师资的缺乏，直接导致了电子商务专业的教师在教学过程中存在明显的困难，严重影响了电子商务专业学生的能力培养。

虽然，实训师资的重要性已经得到普遍的认同，但是在实际培养上还存在诸多问题。

第一，投入少，培训力度不够。目前针对学校实训师资队伍的培训力度远远不够，针对专业实践技能培训的也少之又少，派遣实训教师到企业中锻炼学习大多流于形式。同时，由于缺少应有的资金支持，教师缺乏对职业技能培养教学方法的研究和提高自身职业技能的动力，使得实训师资队伍建设严重滞后于教育发展的需求。另外，部分高职院校在实训师资队伍质量建设上，也存在价值观念的偏差，片面追求实训教师取得职业资格证书的数量，而忽视了对实训师资职业能力的培养与考核。

第二，缺乏有效的管理、考核和激励措施。由于实训师资在数量和质量上的问题，很多高职院校还没有制订和实施适合实训教师工作特点和要求的管理措施，不能有效地进行实训教师的专业培训，不能准确衡量他们的贡献，当然也就无法对他们实施有针对性的激励。

（六）教材建设与教学方法改革力度不够

教材建设工作是整个高职高专教育教学工作中的重要组成部分，早在 2000 年教育部高等教育司《关于加强高职高专教育教材建设的若干意见》中就提出，具有高职高专教育特色的教材极其匮乏，教材建设仍落后于高职高专教育的发展需要。由于对高职的内涵、特征缺乏深刻、全面的理解与把握，投资和重视相对不足，至今没有建立科学系统的高职教材体系，因此大多数的高职专业只能借用传统模式下的本科、专科教材，而实训教材更无可借用，只有各校自编教材，导致教材无法贴近高等职业教育的培养目标和规格的实际情况。

同时，电子商务专业开设的时间相对较短，电子商务市场的发展又十分迅速，使得电子商务专业的教材建设问题更为突出。从相关专业引进的教材或是稍加修改的教材，存在明显重叠、系统性不强、缺乏针对性等问题。根据高职电子商务专业课程建设体系，建立一套适合于职业教育的规划教材是非常重要和迫切的。

目前，已有很多高职规划教材出版，但多数是在原来教材基础上添加了实例，系统性不强。因此，这也影响到教学方法改革的深入实施，例如过于理论化的教材，还不适合采用“项目驱动式”“任务驱动式”等案例教学法的教学改革模式。因此，在进一步加大教材建设力度的同时，还需要充分考虑教材建设与教学方法改革的协调，为提高教学效果提供有效的支撑。

三、电子商务人才培养的相关实践

（一）先进职教理念的应用

创新人才培养模式，推进人才培养具体方案的实施，离不开职教理念的更新，同时更为重要的是人才培养的具体实施，需要与之相适应的师资队伍，因此，需要用先进的职教理念指导人才培养模式的制订，也需要用先进的职教理念引导教师，实施教育教学。因此，项目组细致分析总结当前先进的职教理念，并尝试应用到人才培养方案的制订和师资队伍的培养上。

1. 以人为本，重视人文素质培养

高等职业教育是要培养服务社会经济发展的技能人才，同时也是培养全面发展的受教育者。无论是技能人才的培养还是个人的全面发展，都需要以人为本，在强调市场需求的同时，还需要注重社会需求和个人需求。因此，比实施技能培养更重要的是加强受教育者的人文素质的培养，而不仅仅局限于技能的传授。因此，在职业教育的理念上要处理好技能培养与人文素质培养的关系，要做到不可偏废。

2. 以能力为核心，制订培养方案

高等职业教育在多个方面区别于普通本科教育，以技能为核心是高等职业教育培养的重要内容。高等职业教育注重培养学生的动手能力和操作能力，其目的主要是要适应市场对人才需求的变化。传统的教育模式中，更多地关注于学生学会了什么，而忽略了在教学过程中应更多地关注教会学生怎么做，这使得高等职业教育在很大程度上成为本科教育的浓缩版，无法体现高职教育的特色，也并不符合高等职业教育的基本目标——为生产、管理、服务一线培养适用的具有较高文化层次的技能型、技术型人才。因此，高等职业教育改革的重点和难点在于要将以技能培养为核心的基本理念贯穿到人才培养的整个过程中。

3. 职业教育是终身教育的组成部分

在传统观念中，高等职业教育的关键词是高等，而不是职业。因此，很多人才会将其和普通高等教育联系在一起。对于终身教育和职业教育，前者被认为是成人教育或继续教育，而后者被认为只是高等学历教育的一种特殊形式。

若是以终身教育的观念去审视高等职业教育，就不难理解高等职业教育的教学地点和方式本应就是多种多样的，有学校内的教室、实验室、实习车间，也有学校外的培训中心和工作岗位。传统的职业教育主要是培养学生掌握知识和技术的教育，而现代职业教育不仅为人们提供知识和具体的工作技能，而且同时要满足学生更广泛地适应生活和工作岗位的需求。

（二）明确电子商务从业人员培养层次类型

对于电子商务专业的培养层次问题，本项目研究从目前的电子商务资格认证出发，并结合市场及我院实际进行了进一步明确。电子商务资格认证中将电子商务人才分为电子商务员、助理电子商务师、电子商务师和高级电子商务师四个等级。按照电子商务资格认证的设计，电子商务员和助理电子商务师主要从事一些操作性和分析性工作，例如网页设计、信息收集、网络使用、电子交易；电子商务师主要从事企业信息化、企业商务管理等；高级电子商务师则主要从事网站与信息化建设的规划、实施与管理等工作。从这一点上看，电子商务人才的层次、分类是毋庸置疑的。

如何将电子商务的人才层次与普通高等职业教育有机地结合起来，是高职电子商务专业教学改革的一项重要工作。有些学者将电子商务人才分为技术型人才、商务型人才和综合管理型人才。其中综合管理型人才可以理解为最高层的电子商务人才，即能提出电子商务战略和规划；商务型人才是第二层次的电子商务人才，即精通业务流程，能进行企业电子商务业务的管理；技术型人才是第三层次电子商务人才，主要指能够建立电子商务平台，进行具体实施操作的技术人员。从国内实践的具体情况看，不同的人才层次和所拥有的学历层次存在一定相关性。电子商务人才层次的具体结构如图 2 所示。

由图可知，由于高等职业教育学历层次、教育方式、培养目标等因素的影响，目前国内高职高专的培养目标应该以培养技术型为主、商务型为辅的电子商务人才为核心来设定。因此项目组认为，结合我院实际，学院的电子商务人才培养层次应该以技术型为主、商务型为辅，更具体地说应该设定复合型的培养方向，灵活地培养不同方向的人才，例如具有网站建设能力的网络营销人才，具有电子商务基础的 E 物流的人才，具有软件开发基础的企业信息化人才等，而这一观念也会具体落实在后续的课程设置工作中。

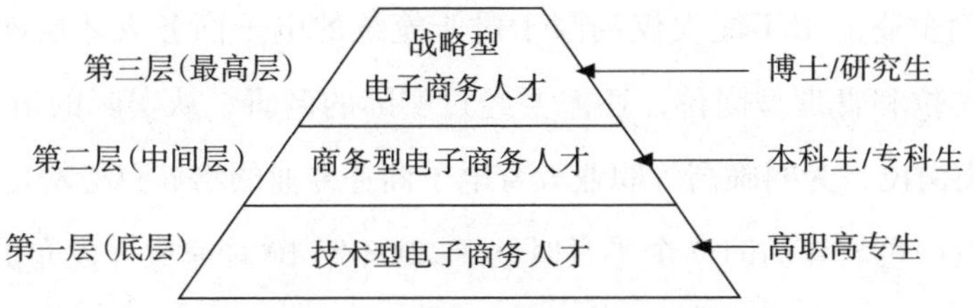

图2　电子商务人才结构层次

（三）以企业未来需求为基础，制订明确的培养目标

相对于培养层次，制订更为明确和具体的人才培养目标则更具可操作性。学院电子商务专业既定的培养目标可以描述为：培养具有较宽的知识面、较强的动手能力、能适应市场经济需要的熟悉商贸知识、网络知识和管理信息系统的电子商务应用型人才。学生具备较系统的电子商务、网络营销等方面的专业知识，接受贸易概论、计算机网络、电子商务方面的基本训练，有较强的调查研究和分析解决实际问题的能力，能够胜任工商企业网络营销方面的工作。由此可见，学院电子商务专业在培养目标上主要以培养网络营销人才为主。

对于制订更为合理的专业人才培养目标，项目组进行了深入细致的研究。针对企业对电子商务人才的需求，早期的电子商务主要理解为外贸、计算机、经济管理方面，因此专业培养方向也主要分为外贸方向，以计算机科学为代表的技术方向，以经济管理为基础的管理方向。曾有学者提出，从社会需求来看，电子商务人才主要分布在信息技术、信息服务和传统企业领域，以及大中专院校和科研院所。但是，从长远来看，电子商务人才未来将更多地分布在传统的中小企业中，服务于此类企业的电子商务应用和转型。

电子商务专业的人才培养应该以社会和企业需求为导向，应该根据企业对电子商务人才的需求状况来确定电子商务专业人才的培养目标。根据不同层次、不同类型、不同岗位进行培养，设置不同的专业方向并确定人才培养目标。从电子商务的应用和需求看，高校可将电子商务专业细分为网站建设与管理方向、物流管理方向、网络营销方向、网络贸易方向、电子商务认证方向、电子商务证券方向等，并根据不同的岗位对电子商务专业人才的知识、能力和素质的要求，进一步优化专业方向，使不同的专业方向定位更为准确，更加符合企业的实际需求。

如何明确企业需求不能仅仅局限于过于笼统的电子商务人才层次中的技术型岗位、商务型岗位和管理型岗位，还需要经过实际的调研，从实际的市场需求中分析、细化上述三类岗位，为明确高等职业教育电子商务专业的培养目标奠定基础。

由蒲公英绿色教育历时 7 个半月时间于 2008 年 10 月完成并发布的《中国电子商务人才需求现状调研报告》细致划分了电子商务的岗位群，具体细节如表 3 所示。

表3　电子商务岗位群

序号	岗位名称	岗位属性	序号	岗位名称	岗位属性
1	电子商务专员/电子商务工程师	技术+商务（一线）	23	网站产品设计师	技术
2	外贸电子商务专员	技术+商务（一线）	24	搜索引擎开发工程师	技术
3	网络信息收集员	采编	25	SEO（搜索引擎优化）专员/SEO专员工程师	技术+编辑（一线）
4	网站管理维护专员	技术+商务（一线）	26	网站测试专员/工程师	技术
5	网站管理维护专员	技术+商务（一线）	27	网站设计、程序开发工程师	技术
6	广告平面设计+网站设计+网络管理维护专号	技术+编辑（一线）	28	视频制作及编辑专员	技术+编辑（一线）
7	网站内容编辑+网页设计	技术+商务（一线）	29	Web服务器管理专员	技术
8	办公室行政助理+网络管理维护+网站管理维护	技术+商务（一线）	30	网站策划专员/师	商务
9	办公文秘+网站管理维护	技术+商务（一线）	31	网站编辑+网页设计	编辑+技术（一线）
10	网站开发专员	技术	32	网站编辑助理	编辑
11	SEO搜索引擎优化专员	技术	33	社区（论坛）管理专员/版主	编辑
12	网络店铺CC/BC客服	技术+商务（一线）	34	网络营销/推广专员	商务
13	网站运营专员	技术+商务（一线）	35	SEM搜索引擎营销客服	商务
14	电子商务主管/经理	技术+商务（管理）	36	在线客服	商务
15	网站开发经理	技术+商务（管理）	37	渠道客户专员	商务
16	网站运营经理	技术+商务（管理）	38	产品销售专员/代表	商务
17	美工/网页设计/网站设计	技术	39	电话销售代表	商务
18	Flash设计师	技术	40	销售助理	商务
19	网页架构师/网站架构师	技术	41	网站运营主管/经理/总监	技术+商务（管理）
20	网站Web前端开发	技术	42	网站策划经理	技术+商务（管理）
21	网站程序开发专员/网站Web开发工程师	技术	43	网站设计经理/总监	技术+商务（管理）
22	数据库开发与管理人员	技术	44	网站技术主管/经理/总监	技术+商务（管理）

续表

序号	岗位名称	岗位属性	序号	岗位名称	岗位属性
45	网站推广市场部主管/经理/网络营销总监	技术+商务（管理）	48	支付运营经理	技术+商务（管理）
46	网站产品销售主管/经理/总监	技术+商务（管理）	49	网络广告经营专员/经理	技术+商务（管理）
47	网站主编	技术+编辑（管理）	50	渠道客户经理	技术+商务（管理）

根据上述分析，项目研究认为，可以将技术类人才、商务型人才和综合管理型人才从岗位群的角度进行细化，并将上述岗位划分为：技术型岗位、商务型岗位、“技术 + 商务”型岗位。其中“技术 + 商务”型岗位又主要分为一线岗位和管理岗位，换句话说管理岗位需要综合性人才，一线岗位同样需要综合性人才。即使是技术型人才，也包含了程序设计、网络技术、网站设计、美术设计、安全、系统规划等多方面知识。由此可见，电子商务企业的人才需求即使细化到具体的岗位，其复合型的特性相对其他专业也十分明显。由此，项目组认为，在现有较为宽泛的课程体系和教育教学中，设定若干带有明显岗位方向和技能特性的培养目标，实施宽口径、深专业的人才培养战略，这一点也将进一步落实在后续的课程设置和教育教学具体实践中。

（四）以划分专业能力结构为前提，完善专业课程体系

以能力为核心是高等职业教育人才培养的关键所在，这一理念已经越来越多地受到认可，并付诸实施。但要将以能力为核心的教育理念落到实处，还需要对具体专业的能力结构进行深入分析，电子商务专业尤为如此。

根据上文的具体分析，我们将电子商务专业的能力结构分为基本素质和专业素质两个方面，同时参照电子商务的岗位群分析，技术型人才的专业素质主要体现在计算机应用方面，由此，我们将专业素质分为基本能力、计算机应用能力和商务运营能力三个部分。

1. 基本素质

基本素质方面，高等职业教育应注重培养学生的心理素质、思想道德素质。对企业人才需求的相关调查表明，相对于职业能力水平来说，企业更关注于学生的道德品质、合作精神、吃苦耐劳、规范严谨等基本素质的发展。良好的职业道德、身体与心理素质是学习与工作的基础条件。鉴于目前高职学生普遍具有个性特征强、心理承受能力弱的特点，因此加强高职学生的心理素质、思想道德素质培养尤为重要。针对高职教育教学的基本素质分解分析如表 4 所示。

表4　基本素质分解表

基本素质	素质要素	知识结构	课程设置	素质评价
政治素质	1.掌握马克思主义基本原理 2.掌握邓小平思想的基本理论 3.树立正确的世界观与人生观 4.热爱祖国，拥护党路线方针政策	1.基本哲学观点方法 2.基本历史观	1.毛泽东思想概论 2.邓小平理论概述 3.马克思主义哲学原理	合格
思想品德素质	1.有道德、有理想、有纪律 2.有民主与法制观念 3.有良好的社会公德与职业道德	1.社会伦理道德 2.基本法律知识 3.经济法知识	1.思想道德修养 2.法律基础 3.人文类选修课程	合格
身体心理素质	掌握科学锻炼身体的基本技能	体育知识	体育	达标
	健康的心理素质	自我修养知识	1.公共选修课 2.心理咨询	合格

2. 基本能力

电子商务专业的基本能力主要包括创新能力、知识更新能力、协作能力；具有对实际问题的理论分析和处理能力；基本管理营销能力；外语应用能力；语言与文字表达能力；收集信息的能力；社会活动能力。高职电子商务专业的基本能力分析分解如表 5 所示。

表5　基本能力分解表

素质要素	能力要素	知识结构	课程设置	能力评价
外语应用能力	1.基础外语阅读、写作与会话能力 2.掌握一定的英语词汇量 3.掌握英语阅读与写作技巧 4.掌握英语听力技巧与方法 5.发音标准化 6.有一定的英语会话能力	1.英语基础知识 2.英语口语知识	1.英语 2.英语听力	获得高校英语应用能力A级证书
基本知识应用能力	1.数学建模能力 2.分析实际问题的能力	分析和计算基础问题的基本知识	1.高等数学 2.专业导论（选）	合格

3. 计算机应用能力

计算机应用能力主要包括熟练的计算机操作能力；电子商务安全技术；电子商务网络应用能力；电子商务网站开发能力；使用专业英语的能力。高职电子商务专业的计算机应用能力分析分解如表 6 所示。

4. 商务运营能力

商务运营能力主要包括物流业务处理的基本能力；网络营销的基本能力；网上贸易基本能力。高职电子商务专业的基本能力分析分解如表 7 所示。

表6　计算机应用能力分解表

职业能力	能力要素	知识结构	课程设置	能力评价
计算机应用能力	1.计算机操作能力 2.常用软件使用能力	1.计算机操作知识 2.常用软件知识	计算机基础	合格
	1.计算机程序设计能力 2.熟悉程序设计语言 3.解决实际应用问题算法	程序设计语言知识	1.C语言程序设计 2.VB程序设计 3.VFP程序设计	至少获得一个计算机应用职业技能证书
	1.电子商务安全技术 2.安全防范技术	1.电子商务安全需求基础知识 2.电子商务安全技术 3.风险管理基础知识 4.安全防范知识	1.电子商务的安全技术 2.计算机网络技术基础	合格
	1.电子商务网络应用能力 2.电子商务金融网络接入技术	1.网络基础知识 2.电子商务网络实施与策划知识 3.电子商务金融网络接入理论	1.计算机网络技术基础 2.电子商务网络技术 3.电子商务案例分析	合格
	1.电子商务网站开发能力 2.网页设计能力 3.Web数据库开发技术 4.了解用户需求的能力	1.程序设计基础知识 2.网页设计基础知识 3.Web数据库知识 4.市场调研基本知识	1.C语言程序设计 2.VB程序设计 3.VFP程序设计 4.商业网页设计与制作 5.编程技术与应用 6.网络广告设计 7.电子商务的客户关系管理 8.电子商务的数据管理技术 9.电子商务案例分析	合格 （培训网页设计师）

四、创新电子商务专业人才培养模式

根据上述分析及相关实践，项目组提出了“方向”→“技能”→“资格”的创新培养模式，并着重对支撑该模式的实践教学、教学改革、师资队伍建设、创业人才培养等方面进行了阐述，并对已有的具体实施进行说明。

（一）“方向”“技能”“资格”创新培养模式

1. 可行的人才培养模式

为了培养企业急需的电子商务人才，高校必须走出传统的学生培养模式，在总体上把握下列模式：

表7　商务运营能力分解

职业能力	能力要素	知识结构	课程设置	能力评价
商务运营能力	1.物流业务处理基本能力 2.选择物流方式的能力 3.优化物流网络的能力 4.供应链管理的能力	1.物流的基本知识 2.电子商务物流的建立模式 3.物流设施与设备规划知识 4.物流与配送系统的作业流程知识	1.电子商务物流与配送 2.电子商务的客户关系管理 3.电子商务网络技术	合格（培训物流管理师）
	1.网络营销的基本能力 2.市场调研能力 3.营销策划能力 4.公共关系协调能力	1.网络营销工具知识 2.网络市场调研知识 3.网络营销策略知识 4.网络消费者知识 5.网络促销知识 6.网络广告知识	1.网络应用基础 2.网络营销 3.电子商务的客户关系管理	合格（培训助理电子商务师）
	1.网上贸易基本能力 2.会计核算能力 3.电子交易能力	1.会计的基本原理 2.会计的基本方法 3.会计软件的配置、处理流程、基本方法 4.网络经济基本原理、运动规律 5.个人网络银行与企业网络银行的业务开展程序	1.基础会计 2.会计电算化 3.网上支付与结算 4.电子商务案例分析	合格（会计电算化证）

（1）学校＋企业模式。企业是电子商务生存的土壤，电子商务技术人才的培养必须始终围绕企业需求进行。学校＋企业模式是协商探讨技术应用型人才适应工作的最佳途径，即按企业各类岗位在知识、素质和能力等方面对人才的需求，有目标地培养综合素质较高、理论知识够用、技能过硬的高技能人才，通过生产现场的实兵演练，直接获得直观印象和知识，并将已掌握的基础理论与技术融会贯通。建立学校与企业的沟通渠道，以形成企业、学校长期合作并相互支持的资源环境，从而谋求学校、企业、学生三者共同发展的局面，取得多赢的结果。

（2）理论＋实践的模式。电子商务人才培养的目的就是解决企业具体问题，因此，理论与实践必须紧密联系，那么，学校建设实训基地这一基本载体就成为必然。学校应特别强调实践在教学中的极端重要性，在教学时间分配上对实践环节予以倾斜，让学生在实践中获得电子商务课本上学不到的知识和技能，培养他们的动手、思考、分析、调研和解决问题的能力。具体落脚点可以安排在课程试验、课程设计等各个环节并建立长效机制。理论＋实践的模式在某种意义上讲是一种不分课堂内外、不分时空的对电子商务学生进行培养的模式，从而真正培养出受企业欢迎的、有真才实用的人才。

（3）双师 + 零距离就业模式。学校要培养出企业欢迎的、能够实用的人才，就必须变更传统的教师来源。那些从学校到学校的教师是不太可能培养出高质量的电子商务人才的，所以，可以考虑教师来源的多样化，比如聘请一些有实际工作经验的从事电子商务业的精英人士担任教职，充分发挥这部分教师的积极性，在实践环节方面充分利用这些教师拥有的各种资源；在就业导向上，要以零距离就业模式为导向，让学生经常深入企业、了解企业、服务企业，为将来就业奠定良好基础。

2. 具体的培养工程

本项目研究确定的具体培养工程为“方向”“技能”“资格”创新培养模式。

“方向”就是通过电子商务专业岗位群的细分，学生根据自己的爱好和专长，在进校的第二学期就明确自己的目标岗位，选择两个相关的职业岗位。我们结合本地区区域特征和发展趋势（江苏、浙江、上海、广州电子商务发展领先，杭州将建成全国电子商务之都），选定相关岗位供学生选择。

“技能”就是通过对具体的职业岗位能力进行分析，分析相关岗位人员应该具有的基本素质和职业技能。在课程设置和教学改革中注重学生职业技能的训练，如：我们以“网页设计与制作”精品课程建设为契机，充分训练学生的网页设计与制作的技术，要求在掌握基本知识的基础上反复实践，设计出作品，并通过参加省级职业技能大赛，提高和检验自身能力。

“资格”就是在最后一学期毕业实习阶段，根据本地区的区域发展特点，完成校企合作的实践教学过程，参加相关岗位能力的培训学习，能够取得选定岗位的职业能力资格证书，如电子商务师、网页设计师、网络营销师、物流师、网络信息编辑师等资格证书，为毕业生的就业提供直接上岗能力和资格。

根据职业能力分析构建电子商务人才培养的结构图，如图 3 所示。

（二）加强实践教学

学校应加大投资，建设具备一定水平的校内实验室，选择功能较为完善的模拟软件，培养学生最基本的实践能力。在开设实践课程时，可根据某门课程的需要进行短

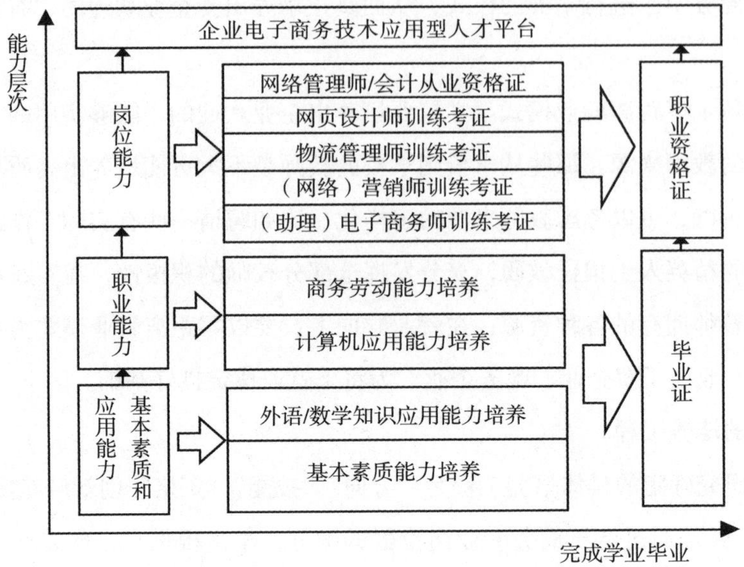

图3　电子商务人才培养的结构

期的技能实践，也可根据某一专业方向或不同岗位的要求，选择特定的项目进行实践，从项目的开始到结束应贯穿专业学习的整个过程。学校还要通过与企业建立稳定的合作关系，为学生提供实践基地，提高学生独立分析问题和解决问题的能力，提高学生的实践动手能力。

学院电子商务专业经过努力建有专门的“电子商务实训室”，计划承担电子商务专业网络营销、电子商务安全、计算机网络等课程的校内实验实训任务。但由于目前软件采购、硬件建设等工作还很不完善，因此，在后续的专业建设中这是一项需要继续加大力度予以推进的重要工作。但无论如何，电子商务校内实验实训室从无到有，对于学院电子商务专业建设而言是一个重要的进步。

在建立校外实训基地方面，电子商务专业所在的信息科学系进行了卓有成效的探索和实践，信息科学系与北大青鸟、上海威讯、合肥翰子昂软件开发有限公司等签订协议，建立长期的合作关系。企业参与实训课程计划设计，负责具体实训操作过程，学校参与管理，教师参与辅导。这为电子商务专业建立了稳定的校外实训基地、职业技能证书的专门培训机构以及顶岗实习的合作单位，为学生的课程实训、双证培养以及就业实训提供了一整套的协议合作单位，这些实训基地目前均已开启接纳本专业学生进行教学实训、产品开发、证书考取、顶岗实习等相关服务。关于电子商务专业实训基地建设相关情况如表 8 所示。

表8　校外实训建设情况

协议单位	服务内容	每次容纳学生规模	是否已运行
北大青鸟	教学实训、产品开发	50人	是
上海威讯	教学实训、产品开发	30人	是
合肥翰子昂	教学实训、产品开发	30人	是
合肥美的	顶岗实习	30人	是
新正奇培训中心	职业技能证书	—	是

在合作过程中，专业教师直接参与培训课程的设置，保证了专业教学计划的衔接性和教学过程的完整性。学生可以参与岗位能力的实训，收获很大。对于教师的培养也有积极的作用，如教师参与课程辅导、跟班听课、学习实训教师的教学方法。另外，在校外实训的学生管理上也积累了丰富的经验，如安排班主任参与实训学生管理，学生完成实训后的交流和总结等，为校外实训的合作模式积累了实践经验。如图 4 和图 5 所示。

图4　校企项目合作

在校企合作过程中，除了可以进一步提高学生的实际动手能力外，也发现了学院电子商务专业教学中存在的问题，例如部分教材落后、教师的教学理论落后于市场应用等，这为电子商务专业下一步的课程改革、教材编写、教师进修等指明了方向。同时通过校企合作的具体实践，也发现校外实训基地的教学方式极大地调动了学生的学习积极性。因此，未来还需要加大校外实训基地建设，将校外实训纳入整个教学安排，

图5　教师直接参与校外实训指导

并建立相应的考评机制，确保校外实训的实际效果，并不断完善提高。

（三）实施教学改革

在实施教学改革方面，本项目认为，可以通过将电子商务专业的培养目标对应到若干个职业岗位（岗位群），提炼各职业岗位中具有共性的、能反映职业本质特性的技术，作为专业核心能力课程。根据职业标准中职业功能、工作任务、技能和知识要求，确定教学单元、目标、内容和要求，然后按照一定的逻辑关系、认知规律和知识结构将这些教学单元分类组合，形成若干个可共享和重组的知识单元或教学部件。图6展示了一个由职业岗位延伸到教学单元的教学改革大体方案。

图6展示了在教学改革过程中，从职业活动中抽取岗位需求并形成典型任务，在此基础上设计教学单元，形成相应的课程体系。简言之，在教学改革中坚持以能力为本位，进行课程改革，并由此推进以“项目教学”“任务驱动”为重点的教学方法改革。

“项目教学法”是一种以学生为中心的教学方法，是在老师的指导下，将一个相对独立的项目交由学生自己处理，信息的收集、方案的设计、项目实施及最终评价，都由学生自己完成。在项目教学中，学习过程是一个学生参与的具体实践的活动，其注重的不是最终的结果，而是完成项目的整个过程。“任务驱动”教学法是让学生完成一个包含一定具体知识或能力训练的实际任务，从而达到某个教学目标。其最根本的特点就是以任务为主线、教师为主导、学生为主体，改变了以往教师讲、学生听，以教师为主体的被动教学模式。我们在“网页设计与制作”院级精品课程建设中采用了这种教学模式的改革，起到了良好的效果。

然而，关键的问题是如何推行和坚持“项目教学”和“任务驱动”教学的实际应用，

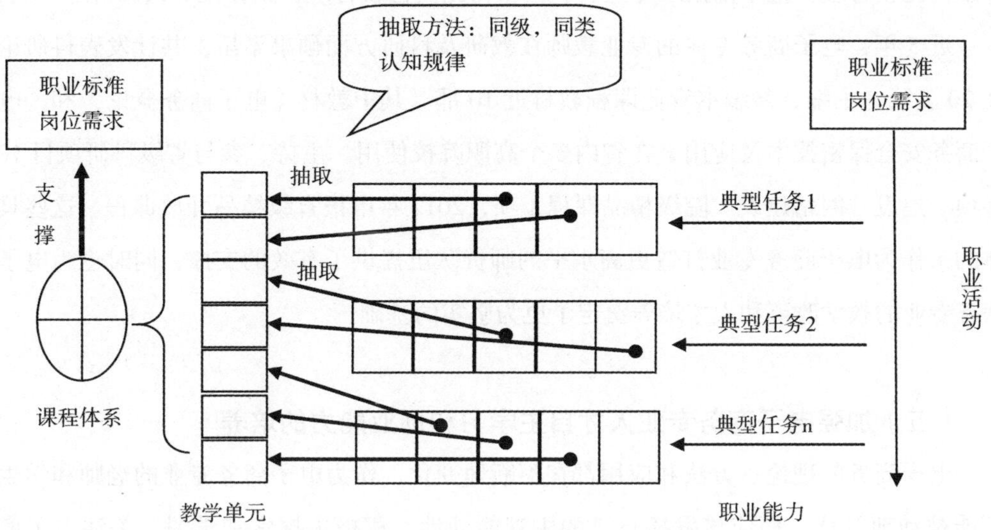

图6　任务驱动为核心的教学改革方案

其中最为重要的支撑是课程改革和课程改革带来的教材改革。

（四）加强高职师资队伍建设

电子商务专业师资水平的高低直接影响着毕业生的素质和能力。本项目研究认为可采取以下措施提高师资水平：

一是建立高校教师到企业实践制度，鼓励教师到企业实践、参与企业的电子商务的应用和项目的研发；

二是鼓励教师走产教结合的道路，支持教师从事电子商务的实际应用；

三是鼓励教师参加各种专业的学术交流会，尤其是与企业相关的研讨会；

四是鼓励企业的工程技术人员、高技能的专业人才担任电子商务专业课的教师和实践课的指导老师；

五是教师自身要关注互联网和电子商务的动态，不断地学习前沿的知识和电子商务的教学方式，提高实践应用的能力。

为打造“双师型”师资队伍，学院电子商务专业主要尝试采取与企业合作推进教师挂职锻炼、与培训机构合作鼓励教师考取相应的职业技能证书，同时鼓励教师进修学习，提高学历学位。制订新教师讲课前的培训计划，为每一位上讲台前的新教师指定老教师进行传、帮、带，努力提高教学质量和教学水平。目前我们电子商务专业教师结构比较合理，基本都是双师型。职称结构比例也较合理，副教授 4 人，讲师 4 人。

近 5 年，电子商务专业的专业教师在教研及科研方面硕果累累，共计发表科研论文 20 多篇，主编、参编本专业课程教材近 10 部。其中教材《电子商务概论》和《电子商务安全保密技术及应用》在省内多个高职院校使用。主持、参与省级科研项目 10 多项。建设“网站建设”院级精品课程 1 项，2012 年申报省级精品开放课程。这些具体的工作为电子商务专业打造更高水平的师资队伍提供了有效的支撑，同时也为电子商务专业的教学改革和人才培养奠定了更为坚实的基础。

（五）加强电子商务专业人才自主学习和创业能力的培养

电子商务的理论、方法和应用都在不断地变化，作为电子商务专业的老师和学生不能被动地等待，而应该发挥自己的主观能动性，积极去探索和学习。关注电子商务的新理论和新模式，定位自己的专业方向和职业生涯，主动参与更多的电子商务实践。

同时，随着互联网的快速发展，电子商务向不同行业的渗透，给电子商务专业的毕业生就业和创办企业带来无限的机遇，也为毕业生选择创业方式和途径提供了更多的可能。电子商务教育可引入创业理念的教育，满足企业在利用电子商务参与国际化竞争中创新人才不足的要求，这样就使电子商务专业学生的就业与创业紧密联系在了一起。

鉴于电子商务行业、专业及人才培养的特殊性，创业型人才也是本专业培养的一个关注点，虽然在这一方面还有很长的路要走，但其仍旧是本专业人才培养重点关注的一个方面。学院电子商务专业已经逐步建立了毕业生就业和创业跟踪机制，以班主任为中心，建立学生就业、创业信息反馈机制，不断探索、改进创业型学生的培养方式。在学生就业、创业信息反馈机制的基础上，本专业多次进行了学生就业满意度抽样调查的尝试，了解学生就业中，学校课程教学与岗位技能需求的差距。从以往的抽样调查数据看，近 3 年，学生就业满意度呈不断上升趋势，突出表现在对就业区域、企业规模、对口就业、平均工资等多个方面的满意度逐渐好转。

2011 年开展免费创业培训 5 次，培养学生创业意识，以创业促进和带动毕业生就业，如图 7 所示。

图7　开展创业培训

五、构建合理的课程体系

电子商务专业是一个涉及面宽广的复合型专业，在构建课程体系时不能简单地将商务课程、计算机类课程等进行简单的叠加，而应该满足实际应用的需要，课程应具有一定的深度、广度和关联度。合理地安排基础课、专业课、实践课程，完善学生的知识体系，将理论教学与实践教学相结合，加强学生的实践能力和电子商务创新能力的培养。可根据不同的专业方向、不同的岗位所必需的知识、素质和能力划分教学内容模块，合理确定需要开设的课程以及各课程之间内在的联系，要进行有机地融合。同时，要对各门课程的内容进行全面整合、更新和优化，避免知识的重复、陈旧、冲突和遗漏。

项目组研究认为，高职电子商务专业课程设置，主要存在的问题是与市场需求相脱节，与学生需求相脱节，而在其课程体系形成的研究方面，主要的特点理念探讨居多，操作层面上仍然缺乏行之有效的方法。针对高职电子商务专业，项目组尝试通过探讨解决其核心专业课程的组成、专业辅助课程的选择以及课程开设顺序等方面问题，从而为形成完整的专业课程体系在方法上提供建议。

（一）专业课程体系构建

1. 核心专业课程的确定

为更合理有效地确定高职电子商务专业的核心课程，本项目采用由蒲公英绿色教育历时 7 个半月时间于 2008 年 10 月完成并发布的《中国电子商务人才需求现状调研报告》的电子商务岗位群，并采用逆向工程的理念，结合院校实际，确定电子商务专业核心课程。

参量说明：

W：电子商务专业岗位群；

W'：具体高职院校培养目标中的岗位子集；

J：具体高职院校培养目标中涉及的技能子集；

K：支撑技能子集的核心专业课程集合；

K'：核心专业课程集合中所需的辅助课程集合；

f1：按照学生需求（问卷调查）确定岗位子集；

f2：按照《中国电子商务人才需求现状调研报告》中技能需求描述，并参照国家职业资格标准，分析确定技能集合；

f3：由专业技能子集合，结合专家调研，定性分析所需核心专业课程；

f4：在横向和纵向两个方面确定专业课程集合中所需的衔接课程。

具体方案见图8所示。

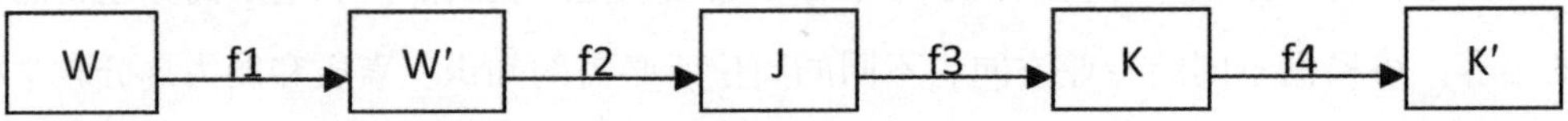

图8　课程集合形成的逆向图

按《报告》中具体市场调研，电子商务岗位群共计50个，在此简记为：

W=（W_1，W_2，W_3，$W_4 \cdots W_{50}$）=（电子商务工程师，外贸电子商务专员，网络信息收集员，网站管理维护专员……渠道客户经理）。

结合不同高职院校特色并兼顾学生需求，核心课程的确定应引入学生需求。以安徽行政学院（安徽经济管理干部学院）为例，在电子商务专业学生中发放问卷150份，回收123份，有效问卷114份。对问卷中学生对岗位的选择进行统计，如表9所示。

表9　在校学生就业岗位需求选择统计表

选择比例p	所选岗位
$p \geqslant 0.5$（11项岗位）	外贸电子商务专员、电子商务专员、网络信息收集员、办公室行政助理+网站管理维护专员、网络营销/推广专员、网站Web前端开发员、在线客服、网络店铺C2C/B2C客服、产品销售专员/代表、网站编辑助理、办公室文秘+网站管理维护专员
$0.5>p>0$（23项岗位）	社区（论坛）管理专员/版主、网站内容编辑+网页设计、Flash设计专员/Flash设计师、网络广告经营专员/经理等

续表

选择比例p	所选岗位
p=0（16项岗位）	网站开发经理、网页架构师/网站架构师、网站Web开发工程师、网站运营经理、支付运营经理、渠道客户经理等

文章按照$p \geq 0.5$的原则形成岗位群子集W'=（W_1'，W_2'，$W_3'\cdots W_{11}'$）=（外贸电子商务专员、电子商务专员、网络信息收集员……办公室文秘＋网站管理维护专员）。

由岗位子集W'出发，定性分析与其相匹配的专业技能子集J，在此按以下两个步骤形成：

第一，由电子商务师国家职业标准（三级）的技能要求形成初步技能子集。如表10所示。

表10　技能子集分析表

技能	网页制作	网络信息采集与处理	网上调研与促销	电子交易实施	物流信息收集处理
说明	静态、动态网页制作及相关软件使用	数据库管理、网络通信软件使用等	市场调研、网站及产品推广等	合同、订单、支付、售后等	仓储、配送方案，物流软件使用等

第二，参照W'的岗位，对初步形成的专业技能子集进行调整，形成J=（J_1，J_2，$\cdots J_6$）=（网页制作、网络信息采集与处理、网上调研与促销、电子交易实施、外贸实施、办公辅助）。

对于专业核心课程的形成，采用专家调查法，每位专家针对技能集合J，分别形成支撑课程集合，按照集合相并的原则，形成以下层次结构，如图9所示。

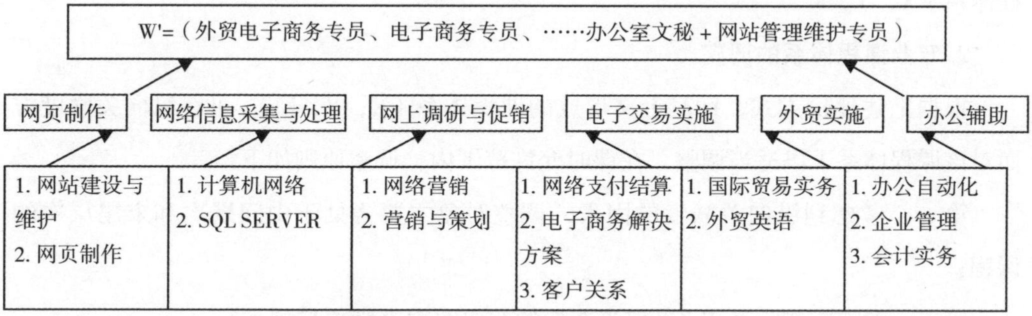

图9　岗位、技能、课程支撑层次

由此形成核心专业课程集K=（K_1，K_2，$K_3\cdots K_{13}$）=（网站建设与维护、网页制作、计算机网络、SQL SERVER、网络营销、营销与策划、网络支付与结算、电子商务解决方案、客户关系、国际贸易实务、外贸英语、办公自动化、企业管理、会计实务）。

（二）专业课程体系的评价与调整

初步形成的专业课程体系（X，Y，K'）存在的重要缺陷在于，课程间容易出现关联程度低，结构松散的现象，因此还需要经过一个评价调整的过程。对专业课程体系的评价，可分事前评价和事后评价，对课程体系实施后，毕业生的跟踪调查评价是较为直接和有效的方式，而对于实施前的专业课程体系，适用事前评价的方式。

选取课程体系评价的切入点在于专业课程体系（X，Y，K'）中课程在横向和纵向上的关联程度。辅助课程（X，Y）分别在原有 K’ 的基础上，进行了横向和纵向的拓展和衔接，但形成的专业课程体系（X，Y，K'）仍旧存在各课程之间关联度低下的问题。在此仅对纵向关联度进行讨论。

1. 专业课程体系纵向关联度评价

假设：

N：课程总数（有序网中的节点数）

M：相关关系数量（即有序网中边的个数）

P：课程纵向关联程度

易知，P 与 M 正相关，与 N 负相关，由此定义：

若存在课程体系（X，Y，K'）$_1$ 和课程体系（X，Y，K'）$_2$ 对应的课程纵向关联度分别为 P_1 和 P_2。当 $P_1>P_2$，则说明课程体系（X，Y，K'）$_1$ 在纵向关联度上优于课程体系（X，Y，K'）$_2$。

2. 专业课程体系的调整

根据上述评价方式，针对上文形成的课程体系（X，Y，K'），可在纵向关联度方面对该课程体系予以适当调整，在课时允许范围内，调整原则如下：

第一，考虑到纵向关联度的因素，调整对象主要为处于中间层次和末尾层次的课程；

第二，增加或删除课程 Z，仅当在新的有向图中 P 随之增加。

由此，可对上文形成的专业课程体系（X，Y，K'）有序网进行适当调整，逐步形成更为合理的专业课程体系。图 10 和图 11 显示了项目研究的一个中间结果。

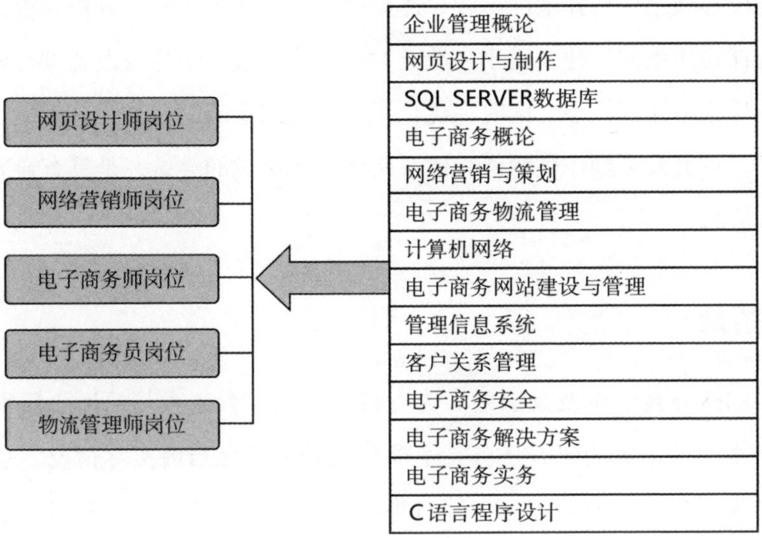

图10　课程支撑

本项目的课程设置研究是对构建高职电子商务专业课程体系的尝试，同时也是对构建方法的探讨。因此，本项目在课程设置的研究方面从电子商务专业岗位群出发，结合院校实际，采用问卷调查、定性分析、有向图等方法和手段，经过确定核心专业

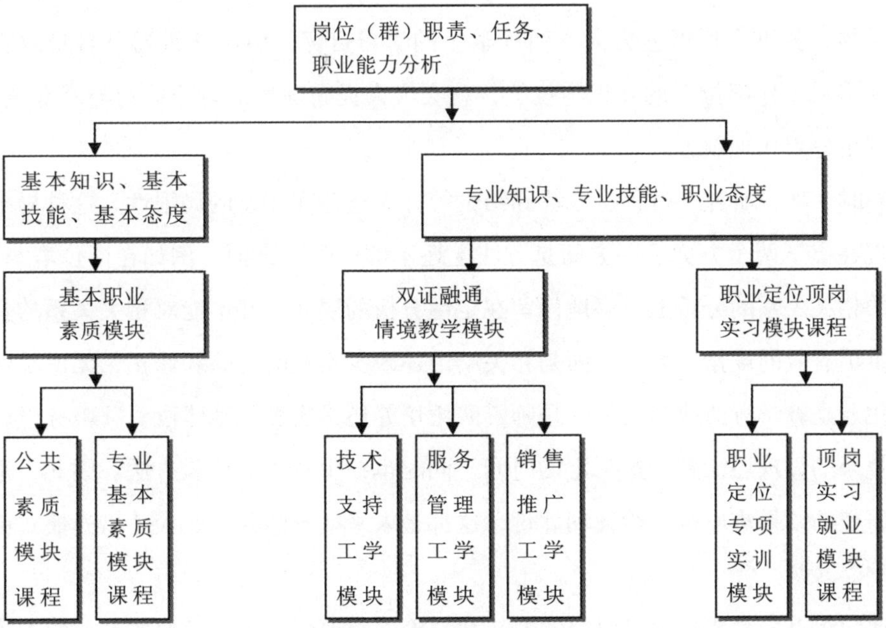

图11　课程体系重构框

课程、排定课程顺序、选择辅助课程，逐步优化调整四个步骤，分析和探讨了高职电子商务专业课程体系的构建。由于还缺乏对该专业中基础课程的设置进行探讨，因此仅形成专业课程的课程体系，同时在优化调整方面侧重的纵向关联分析也存在一定局限性。然而，对更具可操作性的课程体系构建方案所做的尝试，是具有显著的理论意义和应用价值的。

六、结论

该项目的研究在学院及系部的大力支持下，经过参研人员的潜心研究，进展顺利，现已基本完成原定的研究任务。本项目的研究结合当前实际情况，总结了电子商务专业学生对当前就业的困惑，针对当前电子商务就业率、就业对口率低的原因做了认真的分析，并较为细致地描述了当前电子商务就业岗位群和在工作岗位上必须具备的能力和素质，为学校在电子商务专业育人模式上提出了相应的建议，提出适合我省区域发展的“方向技能资格”电子商务人才创新培养模式。为学生在今后学习和选择就业岗位上明确了方向。本项目的具体研究工作表明：在当前，电子商务形势大好，人才急剧缺乏的情况下，电子商务专业的教育教学只要认真做好与社会的对接、找准今后就业方向、明确学生的学习目标，引导学生通过自身的努力去学习和实践工作岗位上的知识与技能，就会大大提高学生的就业能力与就业竞争力，以实现更好更快地就业。

同时，项目研究在过程、方法和结论等方面还存在明显的局限性。这种局限性主要体现在以下两个方面。一方面是方法上还不够科学、全面，例如在岗位群与技能、课程的相关关系的分析上更多地停留在定性分析的层面，并不能对相关关系的紧密程度提供更有效的度量；另一方面是相关结论还缺少实践的检验和修正，无论是课程设置优化还是教学方法改革，无论是师资队伍培养还是实训基地建设，其服务于教育教学的效果的显现还需要经过一定的时间，同时也缺少科学的检验方法。因此，很容易使得研究的结果难以得到验证和评价，这都是未来电子商务专业人才培养模式创新研究的重要课题。

课题组首先是要将项目研究的方法和结论不断地应用到电子商务专业的人才培养过程中，以此进一步深化电子商务专业的教学改革，提高电子商务专业的教育教学质量，服务学生的就业和个人发展。同时，通过不断实践进一步检验项目研究成果的合理性和局限性，探索新理念、新方法，解决新问题、新困难。在电子商务专业人才培养模式的研究中，项目组计划重点开展了以下几方面的研究工作：

第一，重点引用“逆向工程”的设计思想重新构建本专业的人才培养模式。项目组提出把“逆向工程”的计算机辅助产品设计过程引入到高职电子商务人才培养模式中，对前期已有的研究框架基础进行改进和完善，构建企业一线技能型电子商务人才的培养过程。如图 12 所示。

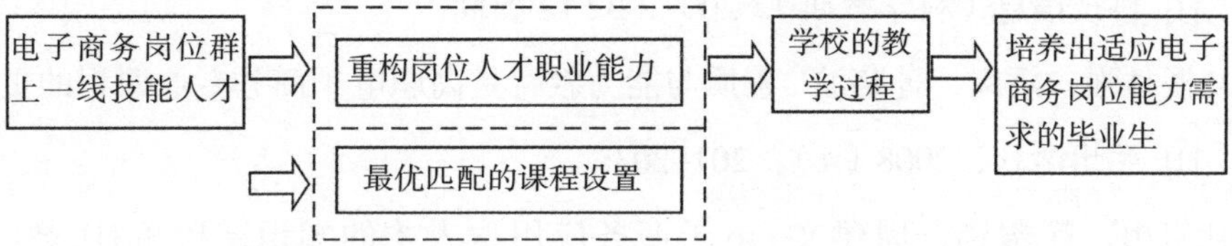

图 12　基于逆向工程的电子商务人才培养过程

第二，以课程体系优化为依托，凸显差异化的培养目标。以前期课程设置研究为基础，重点是采用基于二分图的最优匹配相关算法构建“职业导向、就业优先、工学结合、双证融通”的课程体系，以此在不同的学历层次、不同的专业乃至不同的高等院校中，凸显高职电子商务专业人才培养的差异化。

第三，研究教学模式和教学方法的改革，以及探究校企合作的实践教学模式，确定符合教学规律、符合高职教育实际的创新教学模式。其中教学方法的改革，主要结合课程特点，精选项目案例，细分项目任务，将教、学、做、考有机融合，突出职业能力标准。紧密围绕岗位群典型工作任务并兼顾职业认证来设计教学方案，实现教学改革。

因此，课题组将以此为依托，对电子商务专业的人才培养进行更为全面、更为系统的理论研究和实践，并进一步推进电子商务专业发展能力的提升，建设电子商务特色示范专业。

参考文献

[1] 刘永清 . 电子商务专业培养方案创新研究 [J]. 湘潭师范学院学报（社会科学版），2006（5）：175–176.

[2] 刘珍刚，彭振营，王美婷 . “2+1” 人才培养模式在电子商务专业中的应用研究 [J]. 科技信息（科学教研），2007（32）：509.

[3] 楼林强，姚岗，孙晓波 . 素质与能力教育是高职电子商务专业课程的重要内核 [J]. 兰州学刊，2008（4）：201–203.

[4] 胡勇，徐耀铛，周建文 . 电子商务应用型人才的知识结构析 [J]. 教学研究，2008，（3）：233–236.

[5] 李健，吴文雅，许菱 . 高校电子商务专业人才培养模式探讨 [J]. 山西财经大学学报，2009，31（S2）：232–233.

[6] 张天宇，刘红梅 . 电子商务专业实践教学体系的构建 [J]. 技术与创新管理，2009.

[7] 弓志刚，贾伟 . 电子商务专业的教学内容与教学方法研究 [J]. 山西经大学学报高等教育版，2005（2）：32–34.

[8] 纪春礼 . 高校电子商务专业人才培养的现状及对策探析 [J]. 商场现代化，2006（29）：284–285.

[9] 杨志文 . 电子商务应用型人才的培养与实践 [J]. 现代商贸工业，2007（9）：227–228.

[10] 韩林 . 高职高专电子商务专业人才培养模式研究 [J]. 教育与职业，2006（20）：129–130.

[11] 倪红耀 . 试论高职专业建设与职业资格证书的接轨 [J]. 南宁职业技术学院学报，2006（1）：35–37.

[12] 宋玉贤 . 试论高职院校电子商务专业的人才培养 [J]. 北京市经济管理干部学院学报，2006（3）63–65.

[13] 朱延平，文科 . 高职电子商务实践教学的对策研究 [J]. 中国职业技术教育，2007（19）：38–40.

[14] 许宝斌，孟俊焕，孙英 . 加强实践教学培养高素质应用型人才 [J]. 中国科技信息，2006（13）：228–230.

[15] 王新庄，党庆忠，母培新，何计蓉 . 电子商务专业人才培养目标和培养模式的研究 [J]. 成都理工大学学报（社会科学版），2005（1）：36–39，64.

基于逆向工程的高职电子商务人才培养模式研究

王邦元

（安徽经济管理干部学院，安徽 合肥 230059）

摘要：对于高职电子商务专业人才培养类型、质量以及与岗位需求匹配度存在的问题，文章结合区域发展特点，从电子商务专业岗位群出发，引入逆向工程思想提出了“岗位→技能→资格”的创新培养模式，为高职电子商务专业人才培养提供建设性的建议。

关键词：电子商务；岗位群；逆向工程；人才培养

我国专家认为，未来 5 年仅外贸电子商务人才缺口就达 100 多万。然而，在这样的背景下，我国电子商务专业对口就业率仍然不高。目前，我们所在省份的电子商务发展水平比江苏、浙江、上海地区落后得多，高校培养出来的毕业生就业能力不够，不能与社会需求对接。联合国 TIPS 南京中心对江苏省电子商务专业学生做了一次广泛调查，调查显示 90%左右的电子商务人才找不到专业对口的工作。主要因为许多高校在专业人才培养模式上还存在一些问题，比如，电子商务岗位定位不明确，实训基地不实，双师教师研究能力不强等。因此，高职院校培养的电子商务人才类型、水平、质量与社会需求规格的匹配度必须进一步提高，必须进一步改革和推广有效的教育、教学模式，始终把握“以就业为向导”的重要坐标。

一、逆向工程理论构建培养过程

逆向工程（Reverse Engineering）是对产品设计过程的一种描述，它与一般的设计制造过程相反，是先有实物后有模型。简单地说，逆向工程产品设计就是根据已经存在的产品模型，反向推出产品设计数据（包括设计图纸或数字模型）的过程，即实物模型重建下游制作过程实物的工程。根据这一过程理论，我们将“逆向工程”的计算机辅助产品设计过程引入高职电子商务人才培养模式中。通过对电子商务岗位群的细分，分析各岗位人才必需的职业能力，再根据其职业能力重建该专业的课程体系。这一过程涉及学校期间的整个教学过程，它是一项系统工程。构建企业一线技能型电子商务人才的培养过程如图 1 所示。

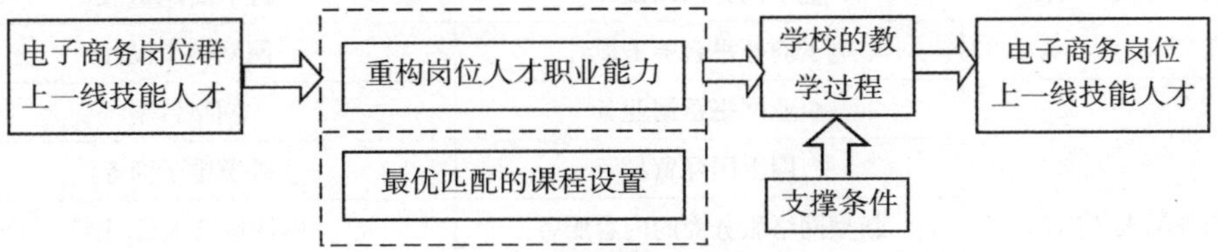

图1　基于逆向工程的电子商务人才培养过程

二、电子商务专业岗位能力细分

为更有效地确定高职电子商务专业的就业岗位，本文采用由蒲公英绿色教育历时 7 个半月时间于 2008 年 10 月完成并发布的《中国电子商务人才需求现状调研报告》的电子商务岗位群，按照其中技能需求描述，并参照国家职业资格标准，分析确定主要技能岗位。

（一）电子商务岗位类别

电子商务岗位应当是在信息技术日新月异的背景下出现的，要求企业员工既熟悉经济活动基本规律，又掌握现代计算机信息技术；既具有先进的营销管理理念，又熟悉商务运作流程。从其对技术和商务要求侧重点的不同，电子商务岗位可以分为以技术为主的电子商务岗位，如网站设计和数据库维护人员等；另一种是以商务为主的电子商务岗位，如网络营销、网络市场调查、物流管理等岗位；第三种当然对商务和技术的要求都比较高，即更高级别的电子商务岗位，如电子商务项目经理、电子商务系统设计和研发员等。

（二）典型的电子商务岗位

分别按技术类人才岗位、商务类人才岗位、管理类人才岗位划分，如表 1 所示。

表1　分类人才岗位

类别	岗位方向	代表性岗位
技术类人才岗位	电子商务平台设计	网站策划/编辑
	电子商务网站设计	网站设计/开发
	电子商务平台美工设计	网站美工设计
商务类人才岗位	企业网络营销业务	网络营销
	网上国际贸易	外贸电子商务
	新型网络服务商的内容服务	网站运营人员/主管
	电子商务支持系统的推广	网站宣传/推广
	自主创业	电子商务创业
管理类人才岗位	电子商务平台综合管理	电子商务项目经理
	企业电子商务综合管理	电子商务部门经理

（三）岗位职业能力分析

根据电子商务岗位群的细分，对不同类型的岗位必须进行职业能力分析，以确定该岗位的基本技能要求。能结合本区域的发展特点，挑选相关的职业岗位，认真调查，系统科学地分析该岗位的职业技能。将主要的电子商务职业岗位群中学生应该掌握的职业技能构建成表，以便重新构建培养学生该岗位群职业能力所需的职业技能课程体系。

1. 以国家职业资格认证为基础分析职业能力

以电子商务师国家职业标准（三级）的技能要求形成初步技能。如表 2 所示：

表2　技能分析表

技能	网页制作	网络信息采集与处理	网上调研与促销	电子交易实施	物流信息收集处理
说明	静态、动态网页制作及相关软件使用	数据库管理、网络通信软件使用等	市场调研、网站及产品推广等	合同、订单、支付、售后等	仓储、配送方案，物流软件使用等

2. 以职业岗位为基础分析职业能力

网络营销岗位的职业能力分析与主要课程体系设置（依据苏州网络营销基地调查结果分析），如图 2 所示。

搜索引擎营销师岗位

⇩

职业能力

学习能力：获取新知识、新技术能力；分析解决问题能力。
工作能力：完成工作任务、适应新环境、发现问题和解决问题能力；团队合作、交往能力。
创新思维能力：学习和工作中提出不同见解、思路和完成任务的方案等能力。

职业技术能力：
Internet 上网操作能力；
SEO 优化、高级应用能力；
网站策划能力；
SEO 优化方案设计能力；
网络广告和网络推广能力。

基本素质：
良好的道德；合格的政治素质；
健康的身心素质和基本人文素质。

图2　搜索引擎营销师职业分析

三、"岗位→技能→资格"的培养模式

根据逆向工程理论构建的高职电子商务人才培养过程，通过对电子商务岗位群的划分，学生可以确定自己的职业岗位，学校在对本专业岗位职业能力分析的基础上，对专业课程的设置进行必要的调整和优化，在教学过程中，始终注意强化学生的专业技能训练。在人才培养模式上，我们经过研究探索，将德国的"双元制"模式和英国的"国家职业资格"模式相结合，提出"岗位→技能→资格"的培养模式。

（一）深入调查，准确定位岗位目标

通过深入企业广泛开展社会和专业调查，分析研究电子商务专业职业岗位群，从职业技能和职业岗位群的实际需要出发，精确定位专业人才培养目标，并设计出知识、能力和素质协调发展的人才规格，让学生进校时就能够明确将来的就业岗位目标。

（二）综合分析，强化职业技能训练

在电子商务职业岗位群划分的基础上，系统地分析各个岗位人才必需的职业能力，并按工作过程将各项能力分解为形成这些能力的应用知识以及对应的课程和实训项目，统筹考虑教学内容选取。在课程设置上以真实的工作过程为导向，按照工作任

务为载体设计教学过程，强化学生能力培养，合理设计项目、实训、实习等关键环节。在教学时间分配上对实践环节予以倾斜，让学生在实践中获得电子商务专业知识和技能，培养他们动手解决问题的能力。

（三）岗位培训，获得职业资格

以培养职业素质和职业能力为主线，积极与企业合作开发课程，参照相关的职业资格标准，构建以核心职业技能和职业资格证书相衔接的课程体系，将双证书教育纳入人才培养方案。通过毕业设计（实习），将学生送到合作企业集中进行岗位能力培训，使学生有机会取得相应的职业技能资格证书，如与苏州网络营销基地校企合作，培训网络营销职业经理人认证，为学生直接上岗就业提供更快的途径。

另外，要实现我们构建的培养模式，还要学校和企业共同努力，特别是在学校培养过程中要根据岗位职业能力进行课程设置和改革，教学方法的改革更加需要学校的硬件条件支持，只有这样才能实现培养企业需求的岗位人才目标。

四、实施过程的关键

根据逆向工程构建的人才培养过程，学校是人才培养的主要环节，为了培养企业急需的电子商务人才，在实施过程中要把握以下几点：

第一，坚持把转变传统电子商务人才培养模式作为主攻方向。除新建的高职学院外，很多高职学院原本是普通专科院校或中专技校升格而成。因此，在国家大力发展职业教育形势下，学校原有的人才培养模式必须重建，转变成适合社会企业需求的一线技能型人才培养模式。

第二，必须以校内实训室和校外实训基地为强力支撑。电子商务技术人才的培养必须始终围绕企业需求进行，要强化岗位职业技能训练就必须将理论与实践紧密联系，所以学校建设实训基地这一基本载体就成为必然。建立学校与企业的沟通渠道，以形成企业、学校长期合作并相互支持的资源环境。

第三，把“双师型”队伍建设和教学模式、课程建设等改革作为最根本的着力点。学校要培养出企业实用的人才，就必须变更传统的教师来源，比如聘请一些有实际工作经验的从事电子商务业的专业人士担任教师。在教学方法、教学手段及课程建设等改革上下功夫，重建原有的课程体系，采用“项目教学”“案例教学”和“任务驱动”等教学方法改革传统的教学模式，保证学校人才培养的质量。

五、结束语

引进和培养“双师”型教师队伍才是实施人才培养模式的关键，但我们在实施过程中遇到一些困惑，比如学校每年只安排教师到省教育厅组织的“双师”培训班学习，效果较差；多数教师没有适合该专业的科研项目，在教学模式改革上很难深入进行等等。今后我们还要加强这方面的改革和研究，与企业合作，坚持以就业为导向，以能力为主线，以课程建设为突破口，建立有特色的电子商务人才培养模式，真正使学生从“学生角色”成功过渡为“职业人角色”。

参考文献

[1] 胡勇，徐耀铛，周建文. 电子商务应用型人才的知识结构分析 [J]. 教学研究，2008（3）：233-236.

[2] 蒲公英绿色教育 . 中国电子商务人才需求现状调研报告 [EB/OL].（2009-6-13）[2009-8-10] http：//www.21echina.com/ceshi/index.php/article/zixun/2009-08-10/8914.html.

[3] 贾志林 . 浅析高职电子商务专业人才培养目标定位及岗位细分 [J]. 中国市场，2008（28）：154-155.

[4] 叶晓兵，林佳 . 基于项目教学改革的高职电子商务人才培养模式创新与研究 [J]. 广西轻工业，2010，26（1）：90-91.

[5] 蔚敬斌 . 逆向工程技术及应用 [J]. 机械管理开发，2006（2）：45-46.

[6] 宋艳萍 . 高职高专电子商务专业人才培养新思路探析 [J]. 教育与职业，2010，（17）：98-99.

[7] 王慧 . 高职电子商务专业人才培养探析 [J]. 当代职业教育，2010.

[8] 吴岩 . 必由之路——高等职业教育产学研结合操作指南 [M]. 北京：高等教育出版社，2004.

安徽省高等学校省级质量工程项目
项目类别：教学团队
项目名称：电子商务教学团队建设
项目负责人：刁李
建设周期：2013年10月—2016年12月8日

电子商务教学团队建设项目报告*

一、项目建设目标

（一）总体目标

建立一支可持续发展的教师团队，是实现团队目标的重要保证。在未来三年内，电子商务教学团队将努力实现下列目标：

（1）进一步优化师资队伍结构，提高团队的整体实力和水平。

（2）形成教学、科研相长，师生、校企共建的人才培养体系。

（3）协作共建实训基地，提高学生实践能力。

（二）具体目标

1. 建立有效机制，强化团队精神

加强师德建设，增强团队成员的事业心和责任感；建立有效的激励机制，鼓励和约束团队成员自觉履行职责义务；弘扬团队精神，使每一个人的价值都能得到体现，每一个人都能依托团队的发展拓展自身的发展空间。

2. 优化团队结构，进一步提升团队素质

制订教师进修培训计划，鼓励支持教师提升自己的学历层次；制定团队培养计划，依托带头人进行传帮带，帮助青年教师提升教学科研水平，优化团队职称结构；创造有利条件，为团队成员提供挂职锻炼等社会实践机会，提高教师的实践能力和"双师"素质；完善聘任制度，加强交流合作，稳定兼职教师队伍。

*2013年安徽省高等学校省级质量工程项目：电子商务教学团队建设项目。

3. 完善人才培养方案，健全课程体系

从经济社会发展和职业岗位分析入手，准确定位电子商务专业人才培养目标，研究人才培养规格以及知识能力与素质结构；改革课程设置体系，突出人才培养的应用性和针对性以及实践能力要求，构建“宽基础、活模块”的课程模式，完善人才培养方案。

4. 加强课程建设，以精品课程带动辐射其他课程改革

以精品课程为示范，带动其他相关课程，形成相互支撑的专业课程群，针对电子商务专业的培养目标和就业需求，以工作任务为教学内容，构建课堂教学。将理论与技能、教学与实训、专业知识与操作能力、专业素质与综合素质有机结合，组成课程模块，以保证完成岗位实际工作任务所需要的知识、能力、素质要求。

5. 改善教学环境，加强实践教学

提高学生的应用能力，需要良好的教学环境和条件。因此，一方面加大投入，改善院内实验实训条件；一方面加大校企合作力度和范围，为学生创造更好的实训条件和机会，提高学生的实践能力。

二、建设情况综述

（一）项目的执行情况

1. 以提升团队素质为目的，加强师资队伍建设

支持团队成员参加各类师资培训和学术会议，促进教学手段、教学方法的多样性、科学性和有效性；鼓励团队人员提升学历层次，项目建设期间2名团队人员通过博士研究生入学考试，1名成员取得博士学位；帮助青年教师提高教学科研水平、提升职称层次，项目建设期间2名成员成功晋升教授，1名成员成功晋升副教授；提高教师的实践能力和“双师”素质，本院的4名团队成员通过了省教育厅组织的高等职业院校“双师”教师认定。

2. 以精品课程建设为抓手，带动其他课程改革

团队成员方祥圣教授主持的精品课程《信息安全技术》于2014年获安徽省教育厅立项并资助。团队负责人刁李处长组织成员讨论了相关专业课程群的建设工作，提出以“课堂教学—校内实训—校外实践”课程链的方式加强校企共建，全面提升学生完成岗位实际工作任务所需要的知识、能力、素质。

3. 以改善教学环境为重点，提高实践教学水平

项目建设期间，我院建立了电子商务专业实验室、计算机网络实验室、信息安全实训室、电子商务创业实训基地，购置了高配置的计算机和其他多媒体教学设备，满足了项目式、案例化教学的要求。此外，与菜鸟驿站、优优汇联等电子商务企业建立合作关系，学生的实践能力得以明显提升。

4. 以“共同发展，全面提升”为目标，鼓励成员参与各类教学科研工作

弘扬团队精神，使每一个人都能依托团队的发展来拓展自身的发展空间。项目建设期间，团队成员在负责人刁李处长的支持和指导下，成功申报了8个省部级项目，5个市厅级项目，出版专著1本，教材4本，发表学术论文30余篇，成果丰硕。

（二）项目建设进展

1. 师资队伍建设

师资培训：2015年10月，余芳和王媛媛老师参加了在杭州举办的“移动互联网营销与电子商务创新”高级师资研修班并获得相关证书。

学术会议：2015年8月，姜婷、余芳、王媛媛老师参加了在上海举办的“2015网络安全（中国）论坛”；2015年11月，方祥圣、姜婷老师参加了在杭州举办的第九届“电子商务与电子政务管理”国际会议；2016年5月，姜婷老师参加了在北京举办的中国高等教育学会专题报告会。

学历提升：2013年，方祥圣老师考取合肥工业大学计算机学院博士研究生；2014年，李亚平老师考取合肥工业大学管理学院博士研究生。

职称晋升：2014年，经省教育厅批准，方祥圣老师获得高职高专教授资格；2015年，李亚平老师获得高职高专副教授资格；2016年，王帮元老师获得高职高专教授资格。

2. 实训室、校内实训基地建设

我院已建成电子商务专业实验室、计算机网络实验室、信息安全实训室、电子商务创业实训基地，购置了高配置的计算机和其他多媒体教学设备，满足了项目式、案例化教学的要求。

3. 校企合作

2013 年 12 月，团队成员王帮元副教授作为主要代表与浙江天猫供应链有限公司合作签订协议，创立了天猫校企合作实习实训基地。同时经院团委审批成立了安徽行政学院（安徽经济管理干部学院）电子商务协会，建设以学生自主管理开设淘宝网店，学生运营管理和推广，设立阿里巴巴小邮局，并与合肥韵达快递公司签订协议派发快递，使学生在实践基地中进一步提升实践能力，培养团队合作精神和创新创业能力。合肥电视台财经频道来我院就大学生开网店进行了采访报道。

2015 年 3 月团队成员王帮元副教授带领 14 级电子商务专业学生到位于合肥国家电子商务产业园的合肥联拓天际电子商务有限公司学习参观。合肥联拓天际电子商务有限公司是安徽行政学院（安徽经济管理干部学院），校外实训基地之一，学生通过参观更加了解了电子商务企业，以及电子商务企业对电子商务人才岗位能力需求的标准。

三、项目建设成果综述

（一）项目立项

刁李处长申报的省企业发展专项基金项目“安徽省中小企业业务流程管理服务云平台”于 2013 年成功获批并立项资助；姜婷老师申报的省社科基金项目“‘互联网 +’时代安徽省智能制造发展模式与路径研究”、省社科学创新发展研究课题“‘互联网 +’时代安徽省科技型企业创新资源共享机制研究”、高等学校省级教学研究项目“‘互联网 +’时代高职高专数据库课程教学改革研究与实践”于 2015 年成功获得立项资助；李亚平老师申报的省教育厅青年基金重点项目“多边界政务共享信息的动态监管研究”、余芳老师申报的省教育厅青年基金重点项“C2C 电子商务中信用问题研究”于 2013 年成功获得立项资助；方祥圣教授申报的教育厅省级精品课程“信息安全技术”于 2014 年成功获得立项资助；姜婷老师于 2016 年获得高校优秀青年骨干教师国内访问研修项目资助（校内评审通过，待报教育厅）；2015 年王帮元副教授参与申报的省级校企合作 O2O 电子商务创业中心（省级示范实验实训中心）项目立项建设；2016 年王帮元副教授作为带头人的学院首批重点学科专业团队建设项目（电子商务专业建设团队）获得立项资助建设。

（二）专著

王帮元副教授撰写的专著《现代电子商务人才培养模式改革与管理》于2015年由中国科技大学出版社出版。

（三）教材

方祥圣、刁李共同主编的《信息安全技术》于2012年由中国科技大学出版社出版；姜婷老师主编的《管理信息系统（第2版）》《数据库原理与应用（SQL SERVER）第2版》于2014年分别由合肥工业大学出版社、南京大学出版社出版；姜婷老师主编的《SQL SERVER管理与应用》由学院资助出版，目前已向出版社提交二审稿件。

（四）论文

团队成员共发表学术论文30余篇，其中SCI检索文章1篇，EI检索5篇，CSSCI文章1篇。

四、主要特色

（一）团队设置特色

1. 组织管理严谨，运转高效

团队带头人刁李是一位从事管理学科教学工作多年的副教授，具有深厚的理论功底和较高的学术科研水平。她主持、参与了多项省级、院级重点教学科研项目的建设，同时担任信息科学系主任工作。她具有较强的团队组织管理和领导能力，多年来，已通过有效的组织管理，使电子商务团队形成了强大的凝聚力和创造力，各项团队建设工作高效运转。自担任信息科学系主任和电子商务教学团队带头人以来，刁李副教授准确把握了电子商务专业的建设与教学改革方向，主持制定了切实可行的团队建设规划和该专业人才培养方案；主持了院内电子商务综合实验室及北大青鸟等三个校外实训基地的建设，并帮助王帮元副教授成功申报了电子商务省级特色专业点建设。

2. 建设目标明确，工作推进稳步扎实

团队围绕学院应用型人才培养的基本定位，以提高人才培养质量为核心，以促进

学生的成功和成才为目标，在专业建设、课程建设、教学基地建设等工作中，设立了明确、可行的教学改革目标，确定了具有特色的教学改革实践方向。工作思路清晰、措施落实到位，从根本上保证了团队建设任务的顺利实现和教育教学质量的持续稳定提高。

3. 师资力量雄厚、结构合理

电子商务教学团队整体实力雄厚，师资力量强大。团队中既有电子商务省级特色专业负责人王帮元副教授，又有省级电子商务专业带头人、教务处处长周伟良教授；既有近30年高校教学经验丰富、教学科研成果丰硕的资深教育专家，又有具备较深理论功底、且已获得多项教学科研成果奖的教坛新秀。团队中现有专职教师10人，平均年龄35岁，其中，副教授5人，博士1人，硕士5人。电子商务教学团队已形成了一支以中青年骨干教师为主体，结构科学、梯次合理、实力雄厚的师资队伍。

4. 专兼结合、学科互补

电子商务教学团队中除10名专职教师外，还有来自企业的4名兼职教师。他们具有丰富的实践教学经验，这种专兼结合的资源配置，充分发挥了专兼职教师的各自优势，在教学上形成校企联动、工学融合的良性发展模式；此外，团队成员的专业主要来自于管理科学、计算机应用技术、信息管理与信息系统，教师之间的学科交叉与融合的特点充分满足了电子商务专业的教学要求。

（二）专业特色

1. 定位应用能力，人才培养方案针对性强

在专业建设中，坚持高职教育方向，以职业能力为核心构建人才培养方案，将职业标准和岗位能力融入人才培养方案中，最大程度地满足社会对电子商务专业人才多样化的需求，满足学生求知、求技、求职等多方面的需要，满足企业对学生专业知识和技术能力的要求，人才培养方案具有较强的针对性。

2. 对接岗位要求，人才培养内容适应性强

在课程教学中，以真实的工作任务为引领，构建与人才培养目标相匹配的课程体系，根据高职学生的学习特点和职业能力设计课程内容，注重学生的技能训练及创新能力的培养；在围绕职业岗位任务需要设计教学内容的同时，兼顾学生的学习规律，由浅入深，循序渐进地安排教学内容，使教、学、做有机融合，教学内容和方法有较强的适应性。

3. 校企合作，人才培养实践性强

实践教学是培养和提高技术应用能力的重要途径，是高职教育实现培养目标的重要保证。在电子商务的专业建设中，实践性教学贯穿于专业教学全过程，并与企业合作，共同开发课程、共同实施培训，力图通过校企共建，实现教学与工作岗位的对接。

（三）课程特色

1. 以工作任务为引领，课程内容模块化

“模块化”的课程结构如图 1 所示。

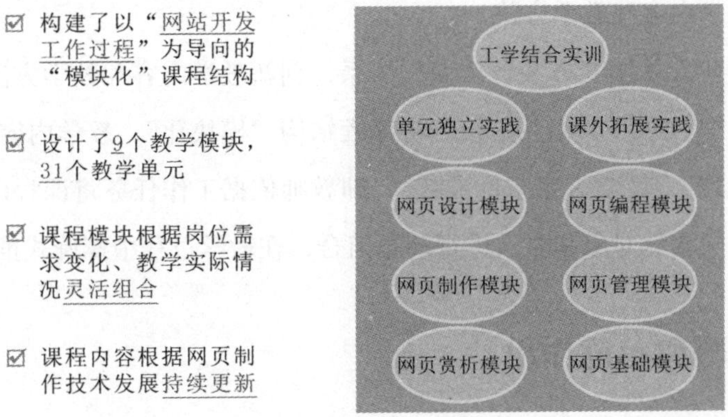

图1　“模块化”的课程结构

2. 校企合作，课程开发职业化

按照高职教育“以就业为导向，以职业能力培养为核心”的基本思想，请企业参与人才培养方案的制订，共同进行课程开发，将职业标准融入人才培养方案，使人才培养目标更加贴近岗位需求。

3. 考核方法、评价体系合理化

改变了原有的期末一卷定成绩的考核方法，实行理论考核和实践考核相结合，过程性考核和终结性考核相结合的方式，将随堂作品、技能测试、期末综合作品结合起来，最终评定学生成绩。这种考核方法和评价体系，能够对学生的知识掌握和动手能力进行更为全面有效的考核，使学生成绩考核方法和评价体系趋于合理。

（四）切实可行的创新性改革措施

1. 创新教学理念和学习观念

转变教育观念，改变传统的以学科体系为主线的教学模式，在教学实践中，强化“以就业为导向，以学生为中心”“以职业岗位工作过程为导向，以职业能力培养为课程核心”的教学理念，倡导开放式学习、在实践中学习、自主学习、按需学习的学习观念。

2. 创新人才培养模式

根据电子商务专业应用型人才的培养目标，以职业要求和岗位工作任务为核心，构建人才培养方案；将理论与技能、专业知识与操作能力、专业素质与综合素质有机结合，以满足学生所需要的知识、能力、素质要求，为学生可持续发展奠定良好的基础。

3. 创新教学内容和教学方法

按照本专业人才培养方案设计课程体系，创新教学内容和教学方法。将课堂教学和实践教学两个教学环节相互衔接，将课程结构“模块化”，教学内容“任务化”，教学进程“螺旋化”，教学方案“标准化”，即教师依据工作任务将课程内容设计成若干模块，根据不同教学对象和要求进行动态组合，在教学过程中螺旋式推进。

五、经验和示范作用

（一）本团队在该建设期内取得的代表性研究成果

1. 获得了一批省部级项目及成果

教学团队建设期间，团队成员在科研项目上取得较大突破，获省部级科研课题 8 项，其他科研项目 5 项，科研总经费 40 余万元。发表科研论文 30 余篇，其中 SCI、EI、CSSCI 来源期刊论文 7 篇。出版专著 1 部。

2.“教学质量工程”获得进展

2014 年，方祥圣教授申报的教育厅省级精品课程“信息安全技术”成功获得立项资助，2015 年，姜婷老师主持的高等学校省级教学研究项目“‘互联网 +’时代高职高专数据库课程教学改革研究与实践”成功获得立项资助。2015 年王帮元副教授参与申报的省级校企合作 O2O 电子商务创业中心（省级示范实验实训中心）项目成功获得立项资助。

（二）本团队对国家和区域经济建设、社会发展所做的贡献及效益

（1）参与地方政府部门决策，为政府决策提供理论上的指导，实现了高校服务社会发展功能。如姜婷老师参与的“安徽省电梯安全监督体系构建研究”“安徽省城乡居民基本医疗保险整合研究”等课题，为相关部门的决策提供了一定的指导及借鉴。

（2）承担地方企业课题，为地方发展出谋划策。注重产学研结合，服务地方经济社会具有优势。通过规划、策划和咨询，服务于地方经济和社会发展。按照科学发展观的要求，坚持质量为先准则，以人才培养为中心，以学科团队建设为龙头，以科研成果产出为核心，以学术研究和服务社会为两翼，以精干的教职员工队伍、先进的设施和科学的管理为支撑，探索“产学研”三位一体、互为基础、相互促进的新路。

（3）通过教学活动为社会培养大量电子商务人才，以教学改革成果重构了电子商务等专业的人才培养方案。课题组将教学研究中形成的观点与结果引入电子商务专业人才培养方案中。修订后的人才培养方案充分体现了高职教育“以就业为导向，以能力为本位”的理念，打破了传统的按学科体系教学模式，突出了学生应用能力的培养，强化了学生的创新意识。在新方案中压缩了理论教学时间，理论教学以够用为度，增加了实训内容，使学生能够在实践中了解社会，掌握工作岗位所需要的技能，提高就业竞争力，满足了企事业单位对人力资源的需求。

六、目前存在的不足

（一）目前本团队建设中存在的主要问题

（1）教师科研能力与教学水平提升效果匹配程度不高。团队经过3年建设，教师科研能力、学历和职称层次都有较大提升，但以科研促进教学的效果有待提高。

（2）校企合作的力度仍显不足，对学生就业的影响有待提升。近几年我院已与多家企业和校外实训基地建立了合作关系，学生实践能力明显提高，但毕业后从事电子商务相关工作的比例没有显著提升。

（3）未获得国家级课题及国家级教研教改项目。

（二）原因及对策

（1）高职教学要求与科研工作内容关联程度不高，即科研工作内容比较前沿，而高职教学内容略显陈旧。针对这一问题应充分进行调研，及时调整教学计划，并编写适应市场需求的教材。

（2）学生虽然能够达到电子商务企业的基本要求，但关键技能不高，致使在电子商务行业的人才市场上竞争力不足。针对这一问题，要进行不同专业的关键技能研究，并修订教学计划；鼓励教师加大与企业的产学研力度，了解企业需求，有的放矢地调整教学内容。

（3）进一步完善科研激励和约束机制，促使教师取得更高水平和更多数量的课题立项和科研成果。

（4）进一步加强学科团队建设。鼓励现有的高级职称到其他高校、科研院所做访问学者或者短期交流；引进学科带头人，加强学科科研力量。

（5）继续加强基础条件建设，为团队发展提供更有力的资源条件保障。进一步加强图书、电子网络资源建设；制订系级科研机构管理办法，构建研究平台。

安徽经济管理干部学院重点学科专业团队进展报告
项目类别：教研团队
项目名称：电子商务学科专业团队
项目负责人：王帮元
建设周期：2016—2019年

电子商务重点学科专业团队建设进展报告*

一、项目建设目标

（一）总体目标

鉴于国家和安徽省对高职教育发展的目标要求以及学院的发展规划，我院电子商务专业建设为在我省高等职业教育中具有先进的职业教育管理理念和教学方法，拥有一批双师结构、深度的专业课程开发和广泛而良好电商人才输出体系的特色专业。学科专业创新团队建设总体目标为：根据安徽省职业教育改革、发展、创新的需求，建设一支适应新型职业人才培养模式需要的创新型、学习型专业团队；建立创新团队的长效管理和激励机制，培养精干又勇于奉献的专业团队带头人，聚集善于学习、勇于创新的优秀群体，尽快形成职业院校的核心竞争力。

（二）最终具体目标

探索职业院校专业创新团队的基本特征，打造具有鲜明特色和创新意识的团队精神；通过选拔、引进、培养优化专业团队，形成结构合理、团结协作、优势互补的教师集体；逐步完善团队形式下的教师成长机制，提高专业团队应对市场变化、适应行业企业需求及自身发展的能力；通过团队学习、企业共建与合作、项目研发等途径，保持专业团队教育理念的先进性，提高团队在专业建设、课程建设和教学改革等方面的创新能力。

*2016—2019年主持学院电子商务重点学科专业团队建设项目。

二、前期建设情况

（一）项目执行情况与主要措施

对照任务书，2018 年度项目建设情况达到该项目建设规定要求，实现了团队双师型教师认证；引入企业专家到校开展技术讲座；团队成员成功申报省级质量工程项目和院级专项科研项目，获得了省级教学成果二等奖。建立全程电子商务创业实训基地，建设了电子商务专业课程资源平台。采取的主要措施如下：

（1）组织团队成员到企业进行调研、学习交流，并邀请相关企业参与研究电子商务人才需求的变化情况，瞄准市场人才需求，构建新商科背景下高职院校电子商务专业人才培养模式。

（2）继续与合作企业签订合作协议（2018—2019 年），开展深度校企合作，完善“校 + 企 + 企”创新创业型人才培养模式，聘请梦森科技有限公司企业导师参与教学，每学期安排一门课程。

（3）选拔青年教师参加学院青年教师教学大奖赛；安排团队教师参加学习交流会议，并根据指标安排教师参加省教育厅统一组织的双师培训，提供团队双师型教师认证平台。

（4）组织团队成员积极申报省级质量工程项目和科研项目，申报省级教学成果奖。推进已经立项建设的项目不断压实，提升专业团队教科研水平。

（5）坚持教学改革。深入研究，采用问题导向，以项目、任务为目标，组织企业参与指导实践教学，促进教学改革，提高团队师资教学水平。

（6）指导学生参加各类职业技能大赛；选拔有创业意识和兴趣的学生参与创业实践活动，培育学生团队建设，孵化创业，促进就业。

（二）项目建设开展主要活动与特色做法

（1）按照重点学科团队建设项目任务书要求，开展企业调研活动，调整人才培养方案。

① 2018 年 6 月 22—25 日组织团队到芜湖安徽商贸职业技术学院参加关于“现代

学徒制背景下人才培养途径研究”以及“产教融合”校企合作交流会，并参观“三只松鼠”等电商企业。

② 2018 年 6 月通过团队人员研讨，邀请电商企业经理人参与进行电子商务人才培养模式分析。增设《跨境电子商务》《移动电子商务》和《文案策划》相关课程，弃除移动商务软件设计课程，完成 2018 级电子商务专业人才培养方案调整。

（2）完善教学改革，通过对“体验式”“项目化”“案例法”等先进教学方法的研究分析，引入问题导向，结合真实案例并应用到课程教学中，起到良好的效果。

① 2018 年 7 月 12—15 日参加河南黄河水利职业技术学院全国高职院校“跨境电子商务实战教学研讨班”学习。

② 2018 年 11 月 9—12 日参加全国创新创业协作会及浙江电子商务学院关于“新商科背景下专业建设研讨会”。

（3）在实践教学中，紧密联系企业，开展创业实践教学，形成“校 + 企 + 企”合作模式。

① 2018 年 1 月—2019 年 1 月与安徽梦森科技有限公司签订了产教融合合作协议（每年签订一次）。协议企业与其他多家企业寻求产品、技术指导服务，创立电子商务运营项目有宜兴紫砂壶、匠心味觉手工食品、义乌百货、军迷产品、户外产品、李宁运动品牌产品和车载用品等十多种。

②从 2018 年 9 月 26 日开始，在 17—18 级学生中选拔有兴趣、守规矩、讲纪律的学生参与创业实践实训。划分运营推广、产品拍摄、图片处理、文案策划、客户服务等岗位，建立运营团队。建立个人管理档案，进行培训考核。

③帮助学生办理创办企业注册营业执照 2 个，运用淘宝、天猫、京东等多平台运营推广，探索按需定制的运营模式。使得学生在校实习实训阶段，既锻炼培养了电商企业人才所具备的职业素质和岗位职业能力，又可以获得相应的工资报酬。

（4）完善实习实训基地建设，完善专业课程建设，构建电子商务专业课程资源云平台。

① 2018 年 6 月王帮元参与省内高职院校编写的《移动电子商务基础》教材正式出版；教材以培养学生解决实际问题的能力，实现能力训练项目化、课程结构模块化、理论与实践教学一体化，探索现代学徒制人才培养模式改革实践。

② 2018 年 12 月 24 日邀请南京奥派信息股份有限公司董事长及南京财经大学电子商务专业教授一行 4 人到我校研讨电子商务专业课程资源平台建设。2018 年度已按招标程序采购 8 门电子商务专业课程资源，方便了教师利用云平台教学和管理。

（5）组织团队成员参与教科研项目申报，提升团队成员教学科研能力。

① 2018 年 6 月王帮元教授主持申报院级专项科研课题“新型智库数据平台研究”立项；何鲲教授主持申报院级专项科研课题“培育服务安徽乡村振兴战略的农村电子商务新动能研究”立项，并在 2018 年省级质量工程中成功申报安徽省高校重大教改项目“STEAM 教育和创客教育融合下电子商务专业创新型人才培养模式研究”。

② 2018 年度进一步推进安徽高职院校实习实训基地建设招标项目建设（340 万元财政资金支持）。建设电子商务实习实训系统、移动电子商务实训系统、跨境电子商务实训系统、电子商务案例分析系统、商务数据分析系统、网络营销教学实训平台以及全国电子商务大赛实训平台等教学实训系统，基本满足高职院校电子商务专业实习实训校内教学实践需求。

（6）师资队伍培养获得新成效，张萍、李二涛老师获得 2018 年省教育厅认定的“双师型”教师。组织教师参与全国职业教育教学研讨会，安排王媛媛老师参与指导学生安徽省电子商务职业技能大赛，提升教师实践指导能力。

（7）邀请相关企业创业导师为学生团队进行职业指导，开展新的电子商务法实施后电子商务运营规则讲座，以达到丰富学生电子商务职业素质的目的。

① 2018 年 7 月邀请安徽盾朗户外服饰有限公司李志伟总经理为学生做服饰类电子商务产品淘宝、天猫运营技术讲座。

② 2018 年 12 月 26 日邀请义乌创业学院导师杨东宝为电子商务创业学生做淘宝、天猫店铺流量提升技能和微商运营技术讲座。

（8）以赛促学、以赛促教，积极组织学生参加各级专业大赛。

① 2018 年 6 月组织学生团队积极参加了 2018 年中国（安徽）大学生茶文化创新大赛。

② 2018 年 3 月组织学生团队在安徽财贸职业技术学院参加了安徽省电子商务职业技能大赛（安徽省教育厅主办）。

③ 2018 年 9 月 28 参加由全国电子商务职业教育教学指导委员会主办的第三届“奥

派杯”全国移动商务技能竞赛（安徽赛区）。

三、现状及存在的主要问题

（1）教学团队创新能力不足，主要是完成自己的教学任务和教科研任务。学习交流、钻研不够，需要统一思想，提高自身能力。

（2）整体教科研水平不强。申报省级质量工程项目靠单打独斗，团队力不足。需要加强合作，发挥各自优势。

（3）学生创业团队不够稳定。创业实践项目较多，学生没有固定时间参与学习，无法按照学徒制学习电商技术。必须制订学分制，创新、改革、制订相关与电商人才培养方案交错互补的培养模式。

（4）教师参与实践创业指导积极性不高，需要制订鼓励措施。

（5）科研经费激励管理措施不完善。学院教务处、科研处、财务处制订科研项目经费管理激励制度。

四、阶段性成果

（1）通过团队人员研讨，邀请电商企业经理人参与进行电子商务人才培养模式分析。增设“跨境电子商务”“移动电子商务”和“文案策划”相关课程，弃除移动商务软件设计课程，完成2018级和2019级电子商务专业人才培养方案调整，提交教务处审核执行。

（2）坚持教学改革，组织团队成员参加全国高职院校“跨境电子商务实战教学研讨班”学习，研究“新商科背景下电子商务专业建设”。通过对“体验式”“项目化”“案例法”等先进教学方法的研究分析，引入问题导向，结合真实案例并应用到课程教学中，起到良好的效果。电子商务现代学徒制人才培养模式改革与实践获得省级教学成果二等奖。

（3）在实践教学中，紧密联系企业，开展创业实践教学，形成“校+企+企”合作模式。2018年在17—18级学生中选拔有兴趣、守规矩、讲纪律的学生参与创业实践实训。划分运营推广、产品拍摄、图片处理、文案策划、客户服务等岗位，建立运营团队。孵化学生创业成果丰富，办理创办企业注册营业执照 2 个。2018 年 4 月 14 日《新安晚报》A03 正版报道了安徽行政学院（安徽经济管理干部学院）学生创新创业成果。

（4）完善实习实训基地建设，完善专业课程建设，构建电子商务专业课程资源云平台。参与省内高职院校编写的《移动电子商务基础》教材正式出版。按招标程序采购 8 门电子商务专业课程资源和电子商务实训系统软件以及全国电子商务大赛实训平台等教学实训系统，方便了教师利用云平台教学和管理。

（5）团队成员参与教科研项目申报，大大地提升团队成员教学科研能力。王帮元教授主持申报院级专项科研课题“新型智库数据平台研究”立项；何鲲教授主持申报院级专项科研课题“培育服务安徽乡村振兴战略的农村电子商务新动能研究”立项，并在 2018 年省级质量工程中成功申报安徽省高校重大教改项目“STEAM 教育和创客教育融合下电子商务专业创新型人才培养模式研究”。同时，王媛媛老师申报院级“基于专业群的电子商务专业技能人才校企合作培养模式研究”立项。

（6）师资队伍培养获得新成效，张萍、李二涛老师获得 2018 年省教育厅认定的“双师型”教师。组织教师参与全国职业教育教学研讨会，安排团队老师参与指导学生安徽省电子商务职业技能大赛，提升教师实践指导能力。

（7）以赛促学、以赛促教，积极组织学生参加各级专业大赛。2018 年 6 月指导学生团队参加 2018 年中国（安徽）大学生茶文化创新大赛获得三等奖。2018 年 9 月 28 指导学生参加全国电子商务职业教育教学指导委员会主办的第三届“奥派杯”全国移动商务技能竞赛（安徽赛区）获得二等奖。

五、后期建设方案及措施

（1）深入研究电子商务专业人才需求，修订人才培养方案。组织团队调研、学习，跟踪市场，制订新商科背景下电子商务人才培养模式。

（2）孵化 2~3 个学生企业注册。企业带项目入驻学校，帮助学生团队参与运营推广、美工、客服等相关电商专业的实际操作任务。

（3）加强高水平教科研项目申报，组织申报教学成果奖。

（4）完善电子商务实习实训基地建设和校企合作课程资源建设。

（5）继续引进和委托培养电子商务专业教师队伍，建设创新学习型专业团队。

（6）积极组织学生参加各种专业比赛，提高学生的实践能力。

（7）加强对实习实训基地的建设，完善管理激励制度。

现代学徒制的电子商务人才培养模式改革与实践成果总结

王军

一、成果完成的基本情况

（一）改革与实践基础

目前，国家虽已提出高职教育建立现代学徒制教育模式，但具体的实施办法还是相对滞后的，高职电子商务人才培养的模式还未完全脱离传统模式的束缚。要解决培养什么样的电商人才，怎么培养合格的电商人才这两个问题，现代学徒制模式是一个好的尝试，它涉及了教育观念的转变，更涵盖了高职电子商务专业教育的组织方式和运作方式。

近年来，团队不断在实践中摸索电子商务专业人才培养模式，研究如何突破人才培养质量低下的瓶颈。依据国家相关政策，结合本校的具体情况，围绕电子商务专业人才培养方案，以现代学徒制为切入点，希望从高职教育的人才培养定位和电子商务学科的特殊性，构建高职电子商务专业现代学徒制人才培养模式，确立组织构架，建立科学的运行机制，研究现代学徒制专业课程体系，努力开创一种电子商务人才教育与社会实践相结合的新模式。

团队主要从以下 3 个方面，摸索在电子商务专业中引入现代学徒制的培养考核实践路径。如表 1 所示。

表1　培养考核实践路径

培养考核体系		
课程体系开发	师资团队建设	教学环境建设
培养目标		
构建现代学徒制电子商务人才培养模式的理念		

（二）全面深化校企协同育人

2015 年 7 月，《教育部关于深化职业教育教学改革全面提高人才培养质量的若干意见》（教职成〔2015〕6号）中明确指出要深化校企协同育人。创新校企合作育人的途径与方式，充分发挥企业的重要主体作用。推动校企共建校内外生产性实训基地、技术服务和产品开发中心、技能大师工作室、创业教育实践平台等，切实增强职业院校技术技能积累能力和学生就业创业能力。2015年我们在完成电子商务省级特色专业点建设项目结项后，又成功申报了“校企合作O2O电子商务创业实训中心”省级实验实训示范中心项目立项，2016年获得“宜紫砂微商创客实验室”省级大学生创客实验室项目立项。

为了深度开展校企合作，建设省级示范实验实训中心，更好地服务全省电子商务企业，通过校企双方共建专业，深化校内实践教学改革，规范创客实验室管理，构建高效的管理模式。同时，依托安徽梦森科技有限公司、安徽拾穗谷生态科技有限公司创建大学生创客实验室、培育团队、孵化创业，实践“以就业为导向”“以技能为主体”的人才培养过程改革。

（三）电商创客基地建设

电商创客基地的建设主要依托我院申报安徽省教育厅质量工程项目中立项的“大学生创客实验室”建设项目。电商创客基地建于2016年11月，基地秉持“培育团队，孵化创业”理念，发扬传、帮、带精神，成为在校大学生创业孵化基地和实习实训基地。目前培养电子商务相关专业的13级至16级学生三十余人，其中在校学生占比80%，现已成为团队骨干成员。

二、研究性成果

（一）依托主课题，成果丰硕

（1）王帮元教授主持2016年省级“大学生创客实验室”项目。

（2）王帮元教授主持2016年安徽行政学院（安徽经济管理干部学院）“重点学科团队建设”项目。

（3）王帮元教授主持2016年质量工程项目“宜紫砂微商创客实验室”，并主持学院电子商务重点专业学科团队建设项目，发表学术论文10多篇。

（4）王帮元教授出版《现代电子商务人才培养模式改革与管理》（中国科学技术大

学出版社，2015 年）专著 1 部。

（5）王军老师《基于电子商务专业的现代学徒制实践性研究——以安徽行政学院（安徽经济管理干部学院）为例》获得全国高等院校计算机基础教育研究会 2016 年度高职科研规划纵向课题立项，目前在研，已取得阶段性成果，并发表论文《现代学徒制的电子商务人才培养模式改革与实践》。

（二）电商创客基地现代学徒制示范试点

依托“大学生创客实验室”项目，信息工程系与安徽梦森科技有限公司合作创建的“创客实验室，开展学徒制示范试点项目，让教学与实战相结合，理论与实际相结合，专业与项目相结合，毕业学生与在校学生相结合，实现培育团队、孵化创业的目标，使学生在校实习实训阶段既可以培养电商企业人才所具备的职业素质和岗位职业能力，又可以获得相应的工资报酬。深入开展校企合作、工学结合、顶岗实习，开展现代学徒制研究，形成电子商务专业人才招聘、培养、就业的闭环。

基地各团队创立电子商务运营项目有宜兴紫砂壶、匠心味觉手工食品、义乌百货、军迷产品、户外产品、李宁运动品牌产品和车载用品等十多种。学生结合所学摄影、文案、美工、企划、运营、推广、管理等相关知识，通过现代化物流渠道，采用线下展示、体验，线上推广营销新模式。运用淘宝、天猫、京东等多平台运营推广，实现从原来的 B2C 转向个性化、C2B 按需定制的运营模式。每个项目在商业运行上可以完成自身造血实现盈利，使学生在校实习获得报酬。在互联网 + 时代，基于大数据的个性化产品与电子商务相结合，教学与实战相结合，理论与实际相结合，专业与项目相结合，毕业学生与在校学生相结合，实现师徒帮带、培育团队、孵化创业的目标。如图 1 所示。

（三）就业项目

建立高职院校与企业间的长期战略伙伴关系，企业培训讲师与团队师资力量融合，按照企业需求，订单式培养人才。

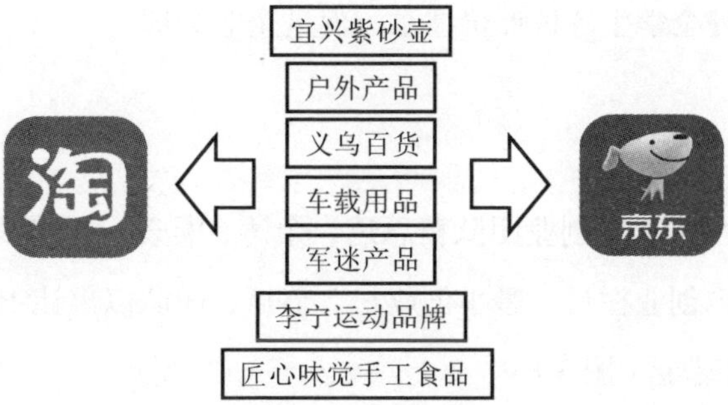

图1　运营项目

三、延伸性成果

（一）服务主课题研究

电子商务专业在我院开设时间相对较短，研究小组围绕现代学徒制人才培养模式的改革，进一步从项目实施、课程规划、考核方法上深入而广泛地开展研究与探索，为主课题“大学生创客实验室”服务。

（二）组织学生参加技能大赛

2017 年 12 月王媛媛老师带领创客团队参加“优优汇联杯”全国电子商务实战技能大赛，并获得二等奖的优异成绩。如图 2 所示。

图2　全国电子商务实战技能赛

（三）实施更为科学合理的评价体系

在大学生创客实验室，学生按照企业员工模式管理，将出勤、培训效果和业绩作为考核指标，建立健全学生考核评价体系，促进企业管理。

（四）创客成果

创客基地“匠心味觉”创业团队黄思远、余涛、夏蕊、徐晓曼等同学受邀参加安徽公共频道大型励志创业栏目“渺小创业纪”节目，团队以出让 10% 的股权，成功获得 80 万元创业风投基金（图 3）。

图3　“渺小创业纪”节目

（五）打造“双师”团队

依托学徒制培养方案，教师广泛地参与到企业运营的第一线，教学相长，教师团队的专业、学历、职称、年龄、“双师”比例等方面不断提升、优化，以此培养和造就一支以“双师型”教师为主体的教师团队。通过不懈努力，团队教师在学历学位、双师资格、企业实践能力等方面均有明显的变化，课程团队建设成效初现。

四、关键内容

（一）构建现代学徒制电子商务人才培养模式的理念

传统高职教育教学方式的改革不是一蹴而就的，我们更关注的是现代学徒制理念在教育教学体系中的实践应用。这种新的教育模式打破此前校企合作瓶颈、推动校企合作的深度融合。我们邀请企业将办公室开在校内大学生创客实验室，为避免与学院规划的课程和教学活动冲突，学徒完全利用课余的时间参加学徒制培养。电子商务涉及技术、经济、贸易、管理等学科，而人才就业市场缺口最大的主要是电商运营、技术、推广销售、供应链管理、综合型高级人才等方面。我们采用多轨制，用不同的师傅把学生领入不同的门，涉及电子商务行业的每个环节，综合培养学生电商行业性的能力。

（二）提升专业内涵，打造契合现代学徒制的专业课程体系

在电子商务专业现代学徒制改革中，采用双线战略，一条线是传统模式，另一条是学徒制。优化筛选关键应用技能型课程，利用学徒制模式进行培养，满足企业岗位应用技能需求，充分发挥学徒制的优势。

（三）建立满足现代学徒制教学要求的师资队伍

依托“重点学科团队建设”项目，一方面组织团队成员参加国内外电商类教育教学培训，开展多样化教研活动，提高团队成员应用能力的同时促进教师专业化持续发展。同时，组织团队成员研究课程改革方案、教学计划、教学大纲及教学方式等多项内容。2017 年共组织外出学习、教学研讨近 20 场次。另一方面，坚持“走出去”，选派 4 名专业教师到企业挂职锻炼，参加电子商务有关课程培训 8 次，参加各种高水平学术交流活动 3 场。最后，坚持“请进来”，将企业培训讲师请进来，加入到院校的教学团队，并建立相应的考核机制，现有企业培训讲师 4 人。

（四）建立符合现代学徒制的实训教学环境

联合校企合作企业，利用现有资源创建实训基地，创造良好的实训教学环境。装修现有 $150m^2$ 教室，配置办公桌椅、计算机、无线网络、打印机、会议桌椅、产品展示柜、投影仪、数码相机、数码摄像机、补光灯、饮水机、花卉等，建立教学培训和企业办公通用环境以适应“现代学徒制”的实训教学需求。

（五）建立培养考核体系

考核评价机制是现代学徒制教育模式的重要组成部分，是人才培养质量的有效保障。采用定量评价与定性评价相结合的标准，注重学习过程、工作态度及综合能力的考核。基本原则包括：第一，公平，建立机制，统一规范；第二，关注过程，全面考核学生工作态度、能力、任务实施过程、任务完成情况、总结汇报情况等；第三，量化，定性和定量相结合，量化考核为主；第四，集体评定，考核成绩由实训指导老

师、专业理论授课教师、综合评定小组分别给出，并加权得出总评成绩。

五、创新与特色点

（一）电子商务专业现代学师徒制人才培养模式构建

引企入校，构建校企利益共同体，为现代学徒制的实施奠定坚实基础。企业入驻学校，与学校共同确定现代学徒制校企联合培养方案和班级管理模式，使学徒培养的目标与企业对人才的需求相契合。校企联合共同进行培养目标的制订与培养任务的落实，并做好分工，对学校与企业双方各自擅长的领域进行精细划分，避免重复教学与重要知识点遗漏，使培养出的人才更加契合企业需求。

以高素质技术技能人才培养为中心，建立校企一体化的人才培养体系。通过学院教师教授学生理论知识与基本技能，企业师傅帮助学生完成职业岗位实际操作知识和综合技能的学习，努力实行校企协同、联合培养，完善校企双元育人。如图 4 所示。

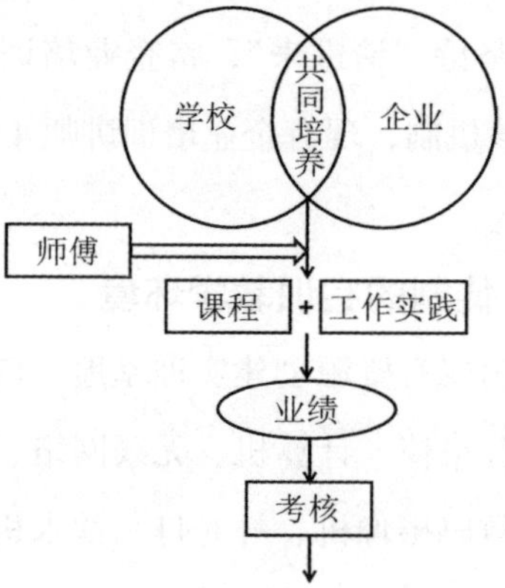

图4　培养模式

（二）校企共建课程体系

校企共同确立人才培养方案和教学计划，将企业真实案例和项目导入学生教学过程，并根据教学需求，与校方共建校内实验室及校外实训基地。双方共同提升硬件，构建具有极强适应性的模块化课程体系。如表 2 所示。

表 2 “网络视觉”课程体系

课程	模块	环节	课时
摄影	设备	实践	3
	拍摄方案	理论	3
	构图	实路	3
美工	抠图技巧	实践	2
	图片处理	实践	5
	水印	实践	2
	切片	实践	2
视觉设计	视觉规范	理论	3
	VI	理论	4
	首页设计	实践	5
	详情页设计	实践	5
	横幅设计	实践	5
店铺装修	定位	理论	2
	装修技巧	实践	5
	无线店铺装	实践	5

（三）构建新的互通型考核评价机制

现代学徒制的条件环境下，在高等职业院校的教育体系内，考核和评价学生在电子商务行业的专业实践能力。这个机制一定要建立并健全，这是现代学徒制能否顺利实施的关键。在构建新的基于创客实验室的现代学徒制条件下的考核评价体系的同时，还创新地建立考核评价互通机制。在 PS 课程教学中，传统考核与创客实验室项目中网店美工实训考核互通。学生既可以参加实验室实训项目，不参加传统期末考试，也可以以创客实验室实训项目作为考核评价成绩，实行课堂教学与实训教学考核互通。

（四）保障现代师徒制模式长效发展机制

推进现代学徒制的实施和深化，强化协同培养。重点是校企联合招生上要有新突破，并进一步确立参与学生的学徒身份，通过校企之间在培养目标、培养标准和培养过程的全面协同，使现代学徒制真正落地、实施到位。加大技术服务和社会培训力度，拓宽双赢渠道。在技术服务层面，加强与企业的协同创新，与企业研发平台对接，做强一批有专业优势和产业依托的研发平台。在社会培训层面，要抓住培训需求的热点，注重培训项目本身的建设，不断丰富培训资源、拓展培训形式，在区域内形成有影响力的培训项目品牌。

合作双方深入探讨，研究确定校企合作培养方案并签订合同，同时开展现代学徒制合作企业评价指标体系研究，制订“多维度、多层次”的现代学徒制合作企业评价指标体系，对企业进行定量评价，有效避免后期实施过程中可能存在的问题和风险，提升校企合作的稳定，推动现代学徒制稳定、可持续发展。如表3所示。

表3　学徒制合作企业评价指标体系

一级指标	权重	二级指标	权重	评分人
企业整体情况	15	企业规模	2	学徒制领导小组
		近两年营收	9	
		员工结构	2	
		人才需求	2	
培训体系	30	常规员工培训课程	10	
		学徒带教培训课程	10	
		培训认知	2	
		师傅带教水平	3	
		培训教材	5	
管理体系	15	管理制度	2	
		职业规划	2	
		实习管理	2	
		牵头部门	4	
		重视情况	5	
各方认可	6	社会认可	2	
		行业认可	2	
		客户认可	2	
薪资水平	6	实习生待遇	2	学徒制领导小组
		正式员工待遇	4	
薪资水平	6	实习生待遇	2	学徒制领导小组
		正式员工待遇	4	
历年合作情况	6	评价培训课程	3	指导老师
		评价管理协调	3	
		评价执行协议	2	

与安徽梦森科技有限公司签订建设协议，学院方面的实际管理工作由电子商务教研室和教学办承担，负责制订大学生创客实验室和校企合作的计划，审批具体的活动规划，比如完成教学计划、实习考核方案、相关课程开发等。创客实验室在系领导的指挥下，协调专业实践课程的开展，对整体时间进行把握，制订管理制度，共同监督课程和实践开展情况。以专业负责人为主要实施人，负责具体课程的制订、学生考核制度、管理制度（含实习管理）、具体协调工作。

为了实现规范管理，创客实验室建立了相关的管理制度，同时建立了“设备使用登记制度”“设备故障维护管理制度”“创业基地运营管理制度”以及“实训室团队负责人职责”等规章制度并上墙。

六、成果应用情况

（一）落实并优化现代学徒制电子商务专业人才培养方案

紧跟市场需求，优化人才培养方案。每年利用校园大型招聘会的机会，对用人单位的专业毕业生人才需求情况进行调研，并结合在相关院校和大中型企业的岗位调研，认真分析了用人单位性质、岗位需求和职业能力需求。明确电子商务专业定位和培养目标需要，构建新的电子商务专业人才培养模式。

引入安徽梦森科技有限公司现代学徒制实训就业项目，以“就业＋创业”模式开展学生电商运营项目培养，逐步形成“大专业、细方向、重特色”的建设模式。形成了主干课程随堂走，培训基地加餐补，实训就业两不误，创业技能在校有的“1+1+1+1”现代学徒制人才培养方案，使学生了解企业，了解社会，了解工作岗位情况，在实践中掌握职业岗位能力需求的实际操作技能，提高岗位就业能力。

发挥企业作用，在移动电商电子商务发展前景下，多方位创新（包括微电商）培养O2O电商专业创业团队，结合创新创业教育，引导电子商务专业学生走创业就业之路。

（二）校企合作建立实践课程体系

现代学徒制培养摆脱了传统课堂教育教学的禁锢，课程教学体系也演变为全项目化导入、模块化设计，依据岗位需求决定教什么、怎么教、学多久、学的怎么样。第一个阶段实践内容和课程标准；第二个阶段，学生自主学习，尝试解决问题；第三个阶段，归纳总结，引申提高；第四个阶段，综合评估，提出整改意见和方案；第五个阶段，实际应用，岗位锻炼，计量计酬。

针对电子商务专业分类招生的学生的实际状况，根据就业的岗位，制订相关的实践内容和课程标准，校企共同构建实践课程体系。开展专业课实习和实训教学，主要包括网上购物、网店搭建、店铺装修、商品管理、通过平台的分享功能将商品分享到新浪微博、微信等来营销与推广网店等实训功能模块，使学生通过一系列的实训活动，实现理论与实践的结合，达到巩固基础、培养创新的目的。

（三）“培育团队，孵化创业”，培养学生创新创业能力

1. 组建团队

组建以客服外包和推广外包作为启动点的电商“带薪创业”团队，打造大学生校园电商特色，边学习边工作边创业，零压力零风险。项目分工：由安徽梦森科技有限公司来提供电商专业培训、师资、业务模式运营。安徽行政学院（安徽经济管理干部学院）提供项目场地，组织学生团队，教师参与指导管理。项目管理：安徽行政学院（安徽经济管理干部学院）和安徽梦森科技有限公司共同成立项目管理中心，由学生担任项目主管、小组组长，充分发动学生的主观能动性，以企业管理的模式植入到项目中，真正锻炼学生的专业能力和项目管理能力，为创业打下良好的基础。该项目已参与学生 38 人，2 名学生月收入超过 8000 元，15 个学生月收入超过 3000 元。

2. 开设大学生淘宝网商创业群

安徽梦森科技有限公司提供创业辅导、货源以及资金支持。所有参加电商服务外包的学生可同时进行淘宝网上创业。参加学生达到 12 人，产品主要以百货的工商注册的品牌商品为主，企业免费指导学生淘宝网上开店运营推广服务。

3. 茶艺学习与推广团队

针对参加电商服务外包的学生进入茶艺学习，重点以宜兴紫砂壶知识、茶叶知识、茶具知识和品茗基本知识等为主。2016 年初培育了一支 7 人组成的宜兴紫砂壶运营团队，参加省级茶艺大赛，现在已经发展为 40 人的微电商运营团队，由企业指导老师免费指导学生实战营销活动，培养学生电子商务运营能力。

（四）教学队伍建设

2015 年开始在电子商务团队“重点学科团队建设”项目中选拔专业教师直接参加企业的学生实训活动，让老师了解企业与企业讲师共同探讨课程的项目化教学方法，增强实践操作能力，提高教学水平和实践指导能力。在现代学徒制培养方案运行进程中，教学队伍按照应用需求，与企业讲师对接，导入企业培训体系，教学相长。2015 年至今分别与联拓天际、科硕科技、拾穗谷进行合作实训，并指派专业教师全程参与

学习和指导，既培养了教师的实践能力，又锻炼了教学队伍。通过努力，课程组的成员在学历学位、双师资格、企业实践能力等方面，均有明显的变化，课程团队建设成效初现。

（五）培养实践技能，提高就业能力

围绕就业主线，现代学徒制发挥了它的特长，毕业即就业。学生在校实训过程中，按照企业模式完成培训，进入岗位就业，赚取报酬。学校和企业围绕现代学徒制培养方案，多维度开展电商相关各细分岗位的培养规划，学生在实训基地即就业。学生拥有自主就业选择权，毕业后根据自己的职业规划选择其他企业就业，由于在校已有相关工作技能和经验，是企业迫切需求的人才。同时留在实训基地的成熟的学生，也开始承担“师傅”的角色。

七、主要相关研究项目和论文成果

（一）研究项目

（1）由王帮元主持完成了省级教学成果奖项目“基于岗位能力的高职电子商务专业项目化课程开发与改革实践”，发表学术论文 4 篇。

（2）由王帮元主持的 2016 年质量工程项目“宜紫砂微商创客实验室”，在研。

（3）由王帮元主持的学院电子商务重点专业学科团队建设项目，在研。

（4）由王帮元主持的省级“大学生创客实验室”项目，在研。

（5）由王军主持的全国高等院校计算机基础教育研究会 2016 年度高职科研规划纵向课题“基于电子商务专业的现代学徒制实践性研究——以安徽经济管理学院为例”，在研，已取得阶段性成果。

（二）论文成果

（1）王帮元于 2015 年在中国科学技术大学出版社出版专著《现代电子商务人才培养模式改革与管理》。

（2）王帮元于 2015 年在期刊《电子商务》中发表论文《校园 O2O 电商创业人才培养模式探析》。

（3）王军于2018年在期刊《课程教育研究》中发表论文《现代学徒制的电子商务人才培养模式改革与实践——以安徽经济管理学院为例》。

（4）王军于2016年在期刊《知识经济》中发表论文《未来电子商务的主要阵地——移动端的应用》。

八、结束语

在现代学徒制的电子商务人才培养模式改革与实践中，我们积累了一些经验和做法，无论在人才培养、课程改革、师资培训、实训环境建设，还是在学生就业数量、就业质量方面的经验，都为学院专业建设和人才培养模式提供了依据，值得推广应用。然而，在研究水平、层次和应用效果上还要进一步提升，努力创新，以达到更高层次。

人才培养质量分析

何鲲 刁李

一、就业分析

这里的“就业”即“已签订劳动合同/就业协议/其他录用形式就业”，也称为“签约就业”，是较为传统的就业模式，一般指正规的全日制、与用人单位建有稳定的劳动法律关系、获有工资福利和社会保障的就业。

2018届毕业生中就业状况为“已签订劳动合同/就业协议/其他录用形式就业”的共2115人，毕业生总体签约就业率为80.60%。

（一）地区分布

本省安徽是2018届毕业生选择就业的主要地区，占已就业毕业生总人数的85.82%，其次，上海、江苏和浙江也是毕业生较为青睐的就业地区，如图1所示。具体到省内，2018届毕业生的就业地区主要集中在省会合肥，占比63.36%，如图2所示。

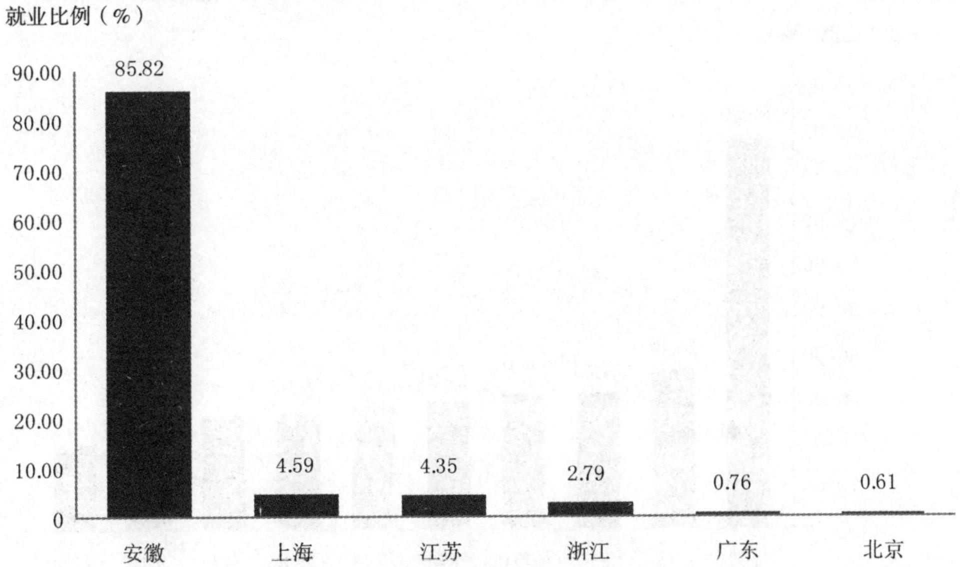

图1 2018届全国毕业生就业地区分布

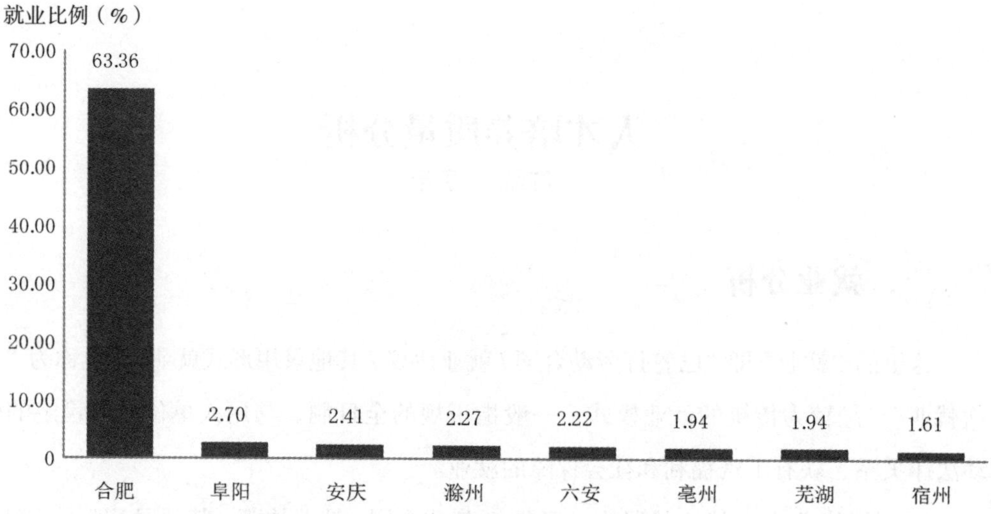

图2　2018届安徽省内毕业生就业地区分布

（二）回生源地就业

在 2018 届毕业生中，85.77% 的已就业毕业生选择回生源地就业，具体到各地区，安徽省毕业生回生源地就业的人数最多，毕业生回生源地就业比例为 85.91%。由于安徽生源的毕业生在人数上占主导地位，进一步分析可以发现，在安徽省内，合肥生源的毕业生回生源地就业的比例最高，为 89.39%，远高于省内其他地区，如图 3 所示。

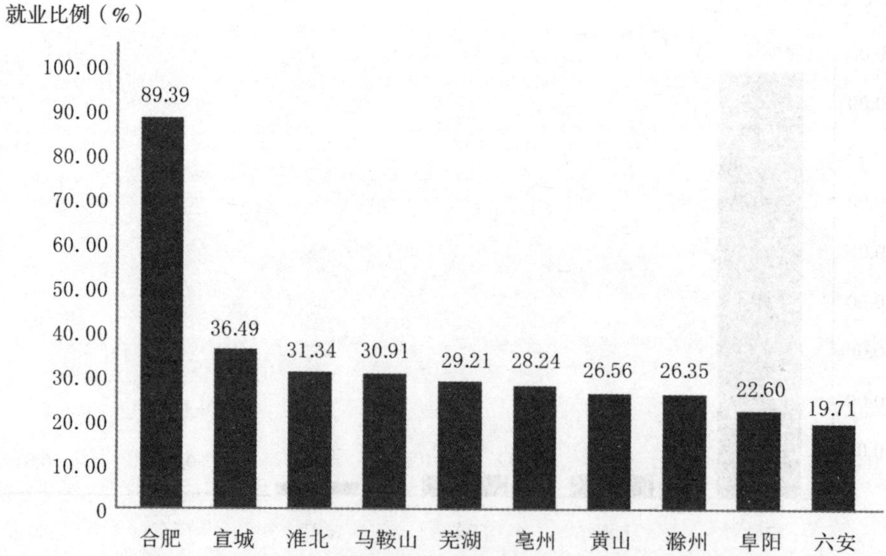

图3　2018届安徽省内毕业生回生源地就业比例排名前十地区

（三）单位分布

2018 届已就业毕业生在“其他企业”（以民营为主）就业的人数最多，占比 92.25%，如图 4 所示。

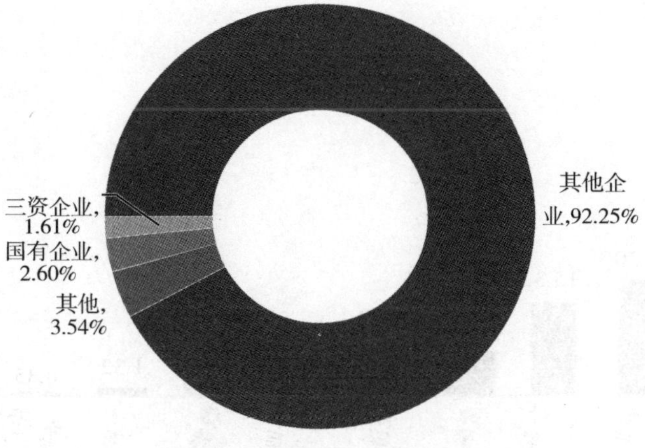

图4 2018届已就业毕业生的单位性质分布

（四）行业分布

图 5 是 2018 届已就业毕业生排名前十的就业行业分布，毕业生在“信息传输、软件和信息技术服务业”就业的人数最多，占比 17.49%，其次是“批发和零售业”，就业人数占比为 11.82%。

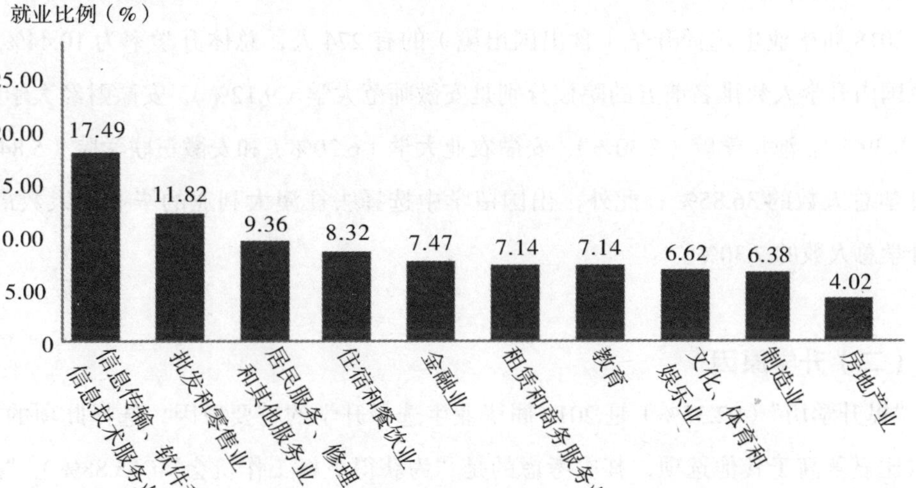

图5 2018届已就业毕业生人数排名前十的行业

（五）岗位分布

“商业和服务业人员”是 2018 届已就业毕业生从事人数最多的岗位类型，毕业生占比 19.20%，其次是“办事人员和有关人员”，毕业生占比为 15.32%，如图 6 所示。

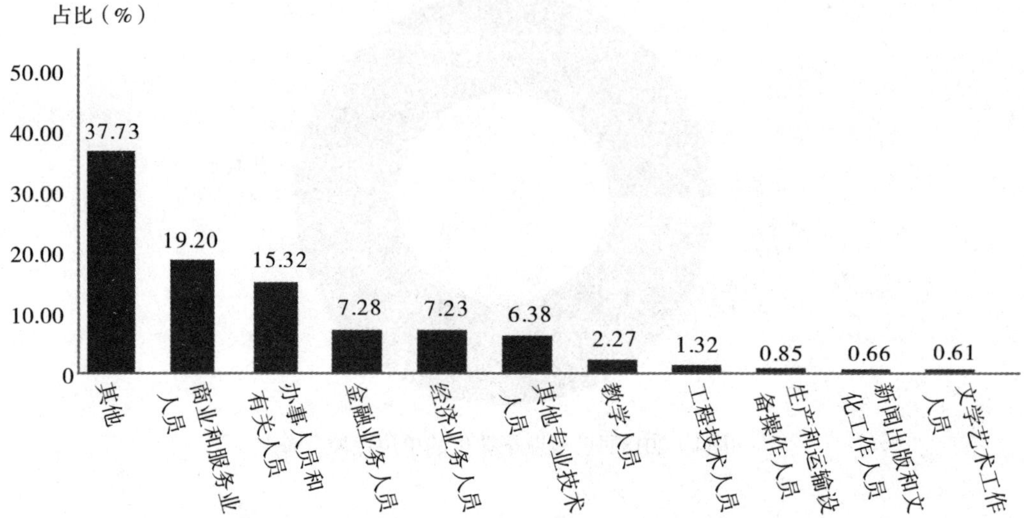

图6　2018届已就业毕业生人数排名前十的岗位

二、升学分析

（一）升学率

2018 届毕业生选择升学（含出国出境）的有 274 人，总体升学率为 10.44%。毕业生国内升学人数排名前五的院校分别是安徽师范大学（9.12%）、安徽财经大学商学院（8.39%）、池州学院（7.30%）、安徽农业大学（6.20%）和安徽三联学院（5.84%），占升学总人数的 36.85%；此外，出国留学中选择去往澳大利亚的毕业生人数最多，占升学总人数的 7.30%。

（二）升学原因

“提升学历”（92.35%）是 2018 届毕业生选择升学的首要原因，选择此项的毕业生占比显著高于其他选项，其次考虑的是“为获得更好工作机会”（55.88%）、“想学习更多知识”（49.41%）和“想去更好的学校”（43.53%），如图 7 所示。

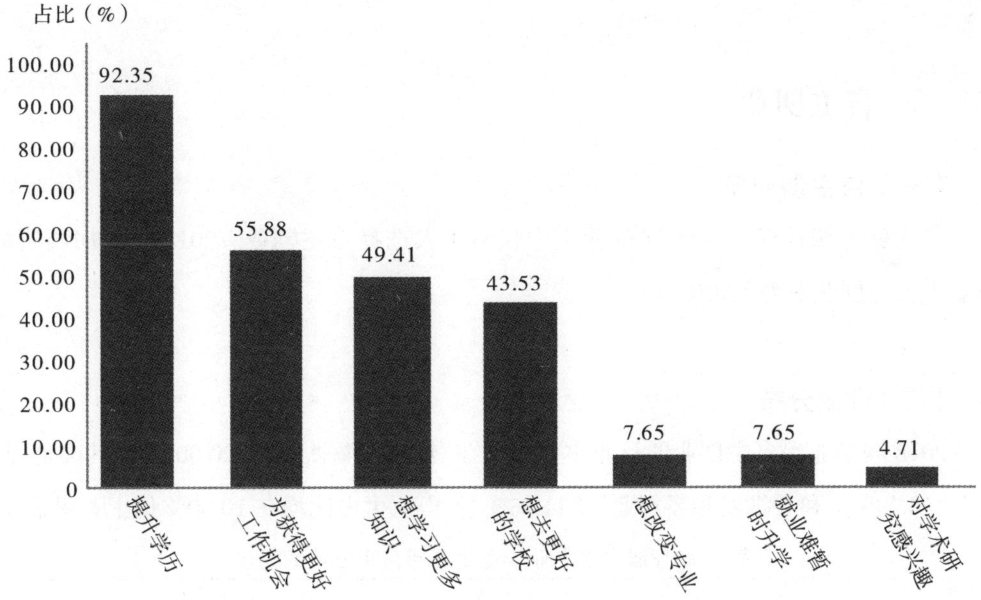

图7　2018届升学毕业生选择升学的原因

(三)专业相关度

毕业生升学专业与所学专业的相关度为 51.76%，其中“完全相关”和“比较相关”的占比均为 25.88%，如图 8 所示。

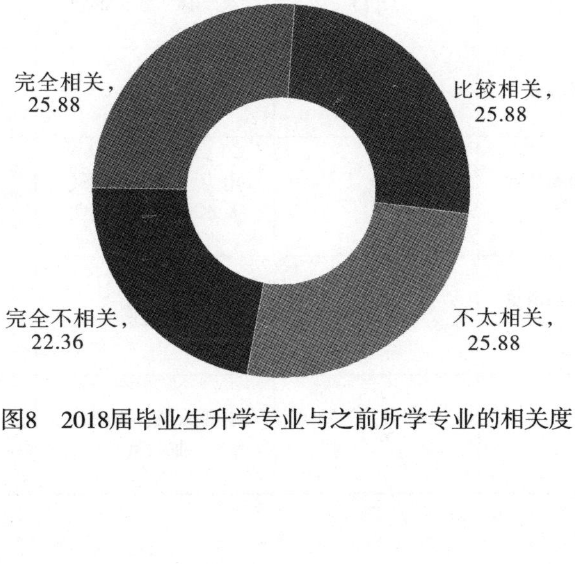

图8　2018届毕业生升学专业与之前所学专业的相关度

三、自主创业

（一）自主创业率

初次就业统计时，2018 届毕业生中仅有 1 人选择自主创业。2018 届参加调研的毕业生自主创业率为 1.90%。

（二）行业分布

2018 届毕业生自主创业的行业主要集中在“住宿和餐饮业”（20.00%），其次是“教育”（14.29%）和“批发和零售业”（11.43%），毕业生占比均在 10.00% 以上，见表 1。

表1 2018届自主创业毕业生选择自主创业的行业

行业名称	百分比（%）	行业名称	百分比（%）
住宿和餐饮业	20.00	房地产业	5.71
教育	14.29	文化、体育和娱乐业	5.71
批发和零售业	11.43	农、林、牧、渔业	2.86
租赁和商务服务业	8.57	制造业	2.86
居民服务、修理和其他服务业	8.75	电力、热力、燃气及水生产和供应业	2.86
信息传输、软件和信息技术服务业	5.71	建筑业	2.86
金融业	5.71	交通运输、仓储和邮政业	2.86

（三）创业原因

2018 届毕业生选择自主创业的主要原因是“希望通过创业实现个人理想”（80.00%），其次是“对创业充满兴趣、激情”（60.00%），如图 9 所示。

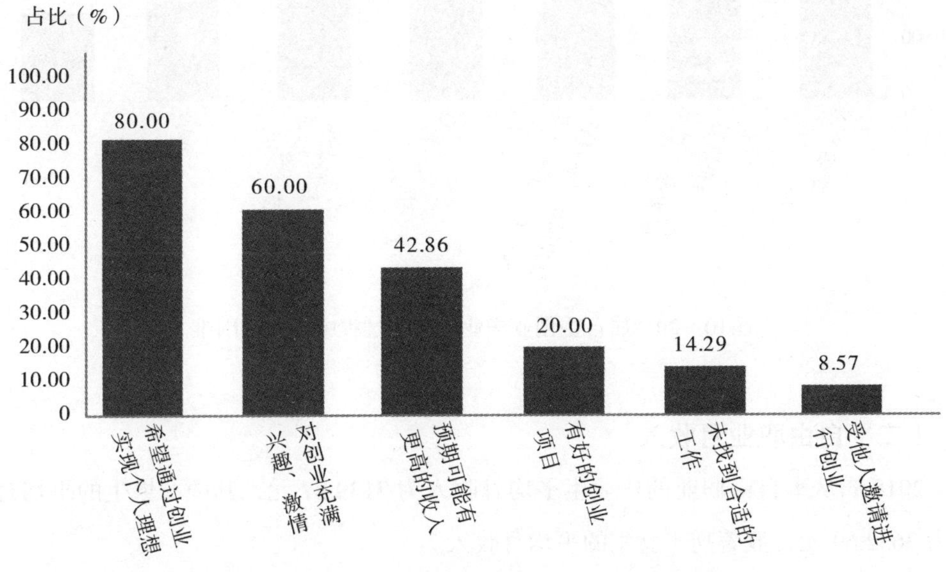

图 9　2018届自主创业毕业生选择自主创业的原因

（四）创业所遇困难

“资金筹备”是自主创业毕业生在创业过程中遇到的首要困难，毕业生占比为 42.86%，其次是“产品、服务的营销推广”，有 40.00% 的毕业生表示经历过，如图 10 所示。

四、其他自由职业

（一）自由职业率

2018 届参加调研的毕业生中从事自由职业的共有 158 人，占调研总人数的 8.58%。

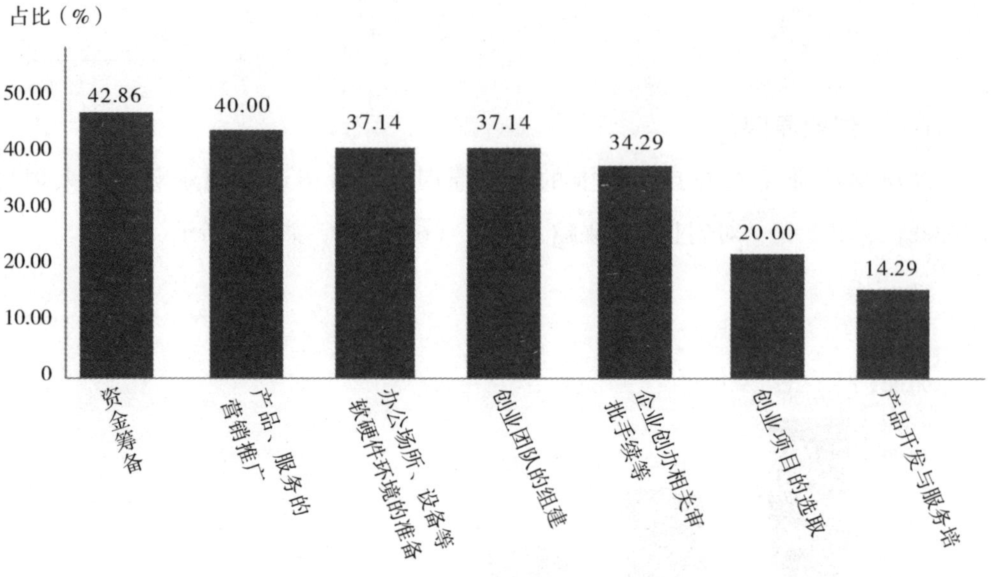

图10　2018届自主创业毕业生创业过程中遇到的困难

（二）自由职业月收入

2018 届从事自由职业的毕业生平均月收入为 3139.87 元，其中，男生的平均月收入为 3632.69 元，显著高于女生的平均月收入。

五、未就业分析

（一）待就业率与暂不就业率

2018 届毕业生中未就业的毕业生共 225 人，毕业生总体的未就业率为 8.58%。

根据教育部文件将未就业分为“待就业”和“暂不就业”，其中，“待就业”包括“求职中”“签约中”“准备参加公招考试”“计划创业”和“准备应征入伍”；“暂不就业”包括“计划升学”“计划出国出境”和“其他暂不就业”。2018 届未就业毕业生中仅有 1 人为暂不就业，暂不就业率为 0.04%，待就业率为 8.54%，说明未就业毕业生的就业意愿较强。

（二）后续打算

2018 届参加调研的暂未就业毕业生中，目前处于“求职中”的毕业生占比最多

（50.00%），此外，“准备参加公招考试”和“签约中”的毕业生人数占比之和达到了27.01%，说明未就业毕业生的就业意愿十分强烈，如图 11 所示。

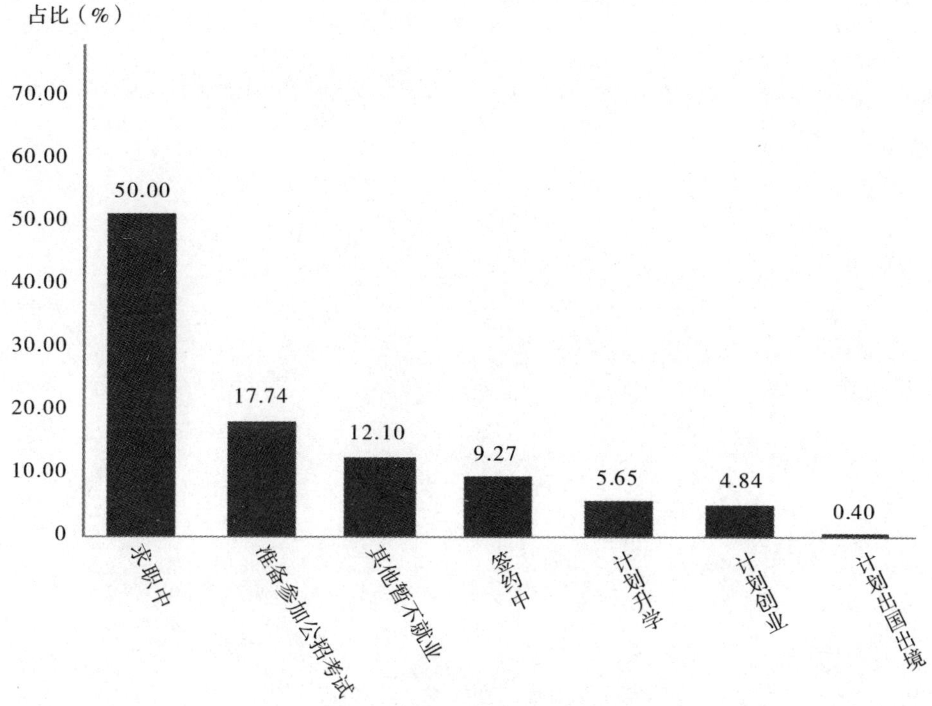

图 11　2018届暂未就业毕业生的后续打算

第二部分

教学模式与课程改革实践

“网页设计与制作”精品课程建设探索与实践

王邦元

（安徽经济管理干部学院，安徽 合肥 230059）

摘要：精品课程建设可以深化教育教学改革，共享优质教学资源，从根本上提高教学质量，进而提高人才培养质量。文章针对“网页设计与制作”院级精品课程的建设，分析了本课程的特点，在课程教学的改革与师资队伍建设等方面进行了探索与实践，并对真正建设示范性课程进行了科学展望。

关键词：网页设计；精品课程；教学改革；师资队伍建设

一、引言

精品课程建设是高等学校教学质量与教学改革工程的重要组成部分，是一项系统工程，是专业建设、学科建设的基础。精品课程建设可以深化教育教学改革，促进现代信息技术在教学中的应用，共享优质教学资源，从根本上提高教学质量，进而提高人才培养质量。我院在2008年启动质量工程项目，“网页设计与制作”精品课程就是其中之一，通过近两年的探索与实践，我们在教学内容，教学方法、实践环节、教学管理和教师队伍等方面取得了阶段性进展，并积累了一定的经验，具体就实施情况谈几点体会。

二、课程性质与建设目标

“网页设计与制作”这门课程是学院电子商务专业的基础课程。专业创建于2001年，在该专业的创立初期我们就将专业方向确定为“以网络构建为基础，以网站建设为核心能力，培养具有电子商务策划、网络营销能力，为企、事业单位服务的电子商务应用人才”，从而确立了“网页设计与制作”这门课程在专业技能培养中的重要作用。

“网页设计与制作”课程可以在《大学计算机文化基础》《Photoshop图像处理》《计算机网络技术》《数据库应用》之后开设。此时学生已经具备一定的计算机基础知识和操作能力，能较快地掌握网页设计的各种知识，并运用所学知识做出具有特色的网站。

本课程的总体目标是：基于行业企业真实工作过程设计课程教学活动方案。通过项目引入任务驱动式的教学方法，使学生在认知和实际操作上，对网络媒体内容的主要承载物（网页）有一个整体认识，使学生掌握网页设计和制作的基本职业技能，能够制作社会企事业单位的静态网站，具备网站的策划、设计和制作能力。

三、以课程教学改革为核心

（一）教学内容改革

1. 修订教学大纲

2007 年以前，我院在经济信息管理和电子商务两个专业中同时开设的“网页设计与制作”课程，一直按照专科教学模式设置教学大纲，内容涵盖 Dreamweaver、Fireworks、Flash 基础，且课时量很少，只有 36 课时或 48 课时。如果按照教学计划完成教学任务，学生学完本课程后，只能掌握最基本知识和基本软件操作，而实际网页设计的基本技能和水平无法满足企业和社会就业岗位的需要。2007 年我们电子商务教研室教师经过调研分析，结合人才培养方案，修订了教学大纲，以“实用”“够用”“好用”为本课程始终倡导的原则。教学内容上减少 Fireworks、Flash 分配量，以实用、够用为目的，强化 Dreamweaver 8 操作应用。课时分配上，增加 20 学时的实训课时，总课时为“36+20+20”，即理论 + 上机 + 项目实训共 76 课时。修订的大纲侧重学生实际操作能力的培养，体现“以能力为本位、以职业实践为主线、以项目课程为主体”，打破了传统的学科体系的模式，将网页设计职业岗位能力中用到的知识点融合在项目中。学生通过各项目的系列练习操作，熟练地掌握岗位所需知识和技能，并不断强化。项目体现了对学生操作能力和解决问题能力的培养，体现了职业教育“以就业为导向，以能力为本位”的职业教育理念。

2. 自编教材与规划教材结合，实行教材整合

“网页设计与制作”这门课程作为一种专业技能的培养，不是孤立存在的。它要靠多门学科的知识给予支撑。它们相互渗透和相互依赖，因此构成一个科学的、完整的课程体系。以“网页设计与制作”课程为核心，从中添加与之相关的辅助教材，比如图像处理，后台数据库开发及网络操作系统的应用，常用工具软件的使用等课程。

2006 年使用的教材是主讲教师王邦元编写的高职高专计算机系列规划教材《网页设计与制作》（上海科学普及出版社）和马希敏主编的《静态网站建设》（大连理工大学出版社）。2008 年申报学院精品课程建设后，我们选用人民邮电出版社出版的国家级规划教材《网页设计与制作实例教程》第 2 版。内容上符合我们修订的教学大纲要求，同时提供相关的参考书和网络资源供学生参考，网络资源注重视频教学资源，如网易学院中的视频中心等。我们根据计算机软件技术的发展，不断调整和补充教材和教学内容，保持知识的先进性和实用性。为了进一步推进精品课程建设，我们还将建设规划教材，以适应教学需要。

（二）教学方法与手段改革

网页设计作为一门新型学科，与传统的其他学科相比具有鲜明的自身特点。第一，它具有很强的操作性和综合实践性，特别强调学生的操作能力和学以致用的综合实践能力。第二，它极富创造性，学生通过对课程基本理论和方法的学习，能深入地理解其基本原理和具体方法，在掌握基本技能的同时，不仅拓展了思维，而且培养了自身独特的创造力。第三，它集现实性、实效性于一体，具有明显的时代发展特点。

因此，我们从“网页设计与制作”的实际问题出发，精心准备各种典型案例，构建课程的宏观教学设计。例如，公司网站、班级网站、个人网站、图书网站等。以若干个案例为载体，形成循序渐进、种类多样的项目群，构建完整的教学设计方案。

1. 教学采用“三段教学法”，将“教、学、练、做”融为一体

教学体现“教师为主导，学生为主体，训练为主线”的原则，课堂上可以采用“三段教学法”。第一个阶段，案例引入，提出问题。通过案例演示，提出问题，给出知识点，讲解案例应用背景，给学生一个切入点，建立感性认识。目的是激发学生的学习兴趣，让学生感到学有所用，从而明确本次课的教学目标。第二个阶段，学生自主学习，尝试解决问题。充分利用互联网网络教学资源，引导学生自主学习，上机操作，找到解决问题的方法和掌握操作技能，培养学生的自主学习意识和学习方法。第三个阶段，归纳总结，引申提高。在每个案例课结束时，引导学生进行归纳总结。对本次课的重点、难点、容易出错处等及时进行总结，并针对案例的不足之处，进行引申和提高。

2. 充分利用现代化教学手段，提高教学效果

教学中根据实际需要可以采用电子演示文稿、大屏幕多媒体投影演示、网络教学等各种先进的教学手段，使课堂教学生动活泼、引人入胜，提高教学效果。把学生的共同问题通过投影和演示，边讲边演示，使学生即时看到操作效果，同时利用网络将课堂教学延伸到课外，学生根据需要通过网络学习有关的内容。教师的课件和教学用的资料上传到精品课程网站的教学资源下载中心，方便学生课外学习和复习。网站中设置学生在线问答，方便学生网上提问，与教师相互交流与探讨。

（三）实践教学改革

网页设计与制作课程要求学生必须具备较熟练的动手操作能力，因此搞好实践教学是课程建设的一个重要环节，我们从实践教学环境建设和实践教学方法改革两个方面来抓。实践教学环境建设包括校内实习基地和校外实训基地建设，我院已经建有多个计算机应用实训室，配有较为先进的电脑和各种数据处理软件（包括图像处理、网页设计专业软件），保证了高水平实验的开设。在校外实训基地建设中，我们与相关企事业单位密切联系，如与上海威讯教育培训机构、北大青鸟教育培训机构以签订协议的形式，建立了稳定的校外实训基地，为学生毕业顶岗实习提供保障。

实践教学方法改革中，进一步增大了实践教学课时的比重，实践教学包括与课堂讲授内容相关的课后实验、课程设计的项目实训和理论教学结束后一个月的校外实习三个部分。在实践教学方法上，实行开放式教学，学生分组自选项目，讨论解决实习中出现的问题或与指导教师协商解决；在实习内容设计上，选择常见的企事业单位网页，开设了大量的实训项目，让学生根据兴趣利用课外时间选做，其目的是开拓学生的视野，锻炼学生的探索能力。理论教学结束后，安排有一个月的综合性项目实习，并纳入到教学计划中，其目的是使学生对所学网页设计知识融会贯通，培养他们的动手能力和解决工程问题的能力，如表1所示。

此外，我们组织学生参加全省网页设计大赛，寓知识性和趣味性与一体，能充分调动学生的学习积极性，进一步培养学生善于发现问题以团队合作方式解决问题的能力。

表1　实践教学的主要项目

序号	实践项目	学 时	备注
1	实验1　初识Dreamweaver MX	1	—
2	实验2　文本与网页属性设置	1	—
3	实验3　图像示例	1	—
4	实验4　链接综合实例	1	—
5	实验5　利用表格进行页面布局	2	—
6	实验6　层叠样式表——CSS	2	—
7	实验7　框架和浮动框架示例	2	—
8	实验8　表单制作实例	2	—
9	实验9　图层实例	1	—
10	实验10　行为应用实例	1	—
11	实验11　时间轴实例	2	—
12	实验12　模板与库实例	2	—
13	实验13　多媒体组件的插入	2	—
14	实验14　站点发布与维护	2	—
15	实验15　综合实例制作	2	—
总计	24	—	—

（四）考核方法改革

本课程考核方式改变传统的笔试答题方式，采用“理论＋项目测试”，具体比例为：平时成绩（30%）＋理论知识笔试（30%）＋项目测试（40%）。目前考核还统一题目，统一时间，项目测试部分参考网页设计师考核标准，借鉴省网页设计技能大赛的模式进行评分。这种考核方式既考核了平时对基本理论知识的掌握情况，又测试了学生的实践操作能力，效果明显。

四、师资队伍建设是前提和关键

精品课程建设首先必须拥有一流的师资队伍。我院一直特别注重师资的培养，每年暑假推荐一批年轻教师参加省教育厅组织的高校青年教师双师培训班进修，鼓励教师在职攻读硕士学位，评选院级、省级教学团队和教学名师，规划引进人才等，采取了一系列相关措施建设优秀的教学队伍。

但在高职院校中更应特别注意对双师素质教师的培养，这不仅仅是让教师考取一个“××师”的证书问题，而且是必须要求主讲教师真正懂专业，会操作，具有实际工作经验。如我们的网页设计的主讲教师直接主持设计过我院系部、院办、教务处以及校外企业的网页设计与制作，具有丰富的实际工作经验。我们还注重加强教研和科研的梯队建设，定期围绕本课程开展专题讨论，积极申报院级、省级科研课题，有意识地结合课题研究进行课程建设；积极鼓励中、青年教师到校外实训基地直接参与学生实训辅导，学习实训企业指导教师的教学经验和操作技能；积极引进部分既有理论知识又有相应实践经验和专业技能的人员加入教师队伍，大力提升师资水平。这样可以逐步形成一支以结构合理、教学水平高超、教学效果良好的教师队伍，为精品课程建设和教学模式的推广奠定基础。

五、精品课程建设的思考与展望

经过近两年的建设实践与探索，网页设计与制作课程将建设成为拥有结构合理的师资队伍和较为完善的课程教学体系，能够适应本学科的人才培养的需要，并会在同行业内起到一定的示范作用。我们将扩大宣传，加大创新改革力度，努力建设成省级精品课程和国家精品课程。

第一，在建设过程中加大创新力度，不断提高质量。今后继续在师资、教学内容、教学条件、教学手段、教学管理五个方面下功夫，真正实现“五个一流”，使精品课程真正起到示范和带动作用。

第二，利用网络注重内涵建设，提高主讲教师的实践教学水平和教学研究努力。设计精品课程网站时，由主讲教师使用网络制作课件，设计案例项目，在线指导学生。不仅要有教的资源，还要有学的资源，使学生真正利用好精品课程网站的教学资源。

第三，不断强化动态管理过程。精品课程建设是一个动态的、全员参与的管理过程，这不仅反映在从规划、建设、申报到示范的一系列管理环节上，还表现在对精品课程的动态监控上。各个环节和各个阶段的管理都体现了一个计划、实施、反馈、改进的过程，而且是循环往复，因此，需要全员的参与包括学生评价参与等。

总之，精品课程建设是一项系统过程，我们通过精品课程的建设，对教学内容的改革起到了很大的促进作用，进一步推进了教学质量的提高，为精品课程的示范和教学模式的推广奠定了基础。

参考文献

[1] 蒋毅坚 . 精品课程重在建设与示范 [J]. 北京教育（高教版），2005（5）：30–31.

[2] 汪旭辉 . 我国高等院校精品课程建设的战略性思考 [J]. 理论界，2008（2）：191–192.

[3] 汪世杰，赵毅 . 省级精品课程“程序设计基础”的建设与成效 [J]. 教育与职业，2010（17）：127–129.

[4] 孙玉君 . 省级精品课程建设的实践与思考——以“中国现当代文学”课程为例 [J]. 教育探索，2010（1）：59–60.

[5] 童乃诚 . 谈高校精品课程建设过程中存在的误区 [J]. 科技资讯，2007（25）：123.

“网页设计与制作”精品课程建设研究报告

信息科学系项目研究小组

第一节　项目建设基本情况

一、课程建设措施

（一）课程目标的重新定位

1. 课程性质

“网页设计与制作”课程涉及的内容有HTML标记语言、网页编辑、图像制作、动画制作等多方面的知识，具有很强的实践性。该课程是电子商务专业的一门核心课程，也可作为其他专业的选修技能课程。

通过本课程学习，能够使学生能熟练运用HTML语言；利用Dreamweaver软件进行网站的创建、网页的布局、网页的编辑；利用Fireworks软件设计网页界面，利用Flash设计网页动画特效。并能够使学生对企业的网站项目进行策划、建设、维护和管理，能独立设计商务网站，并且通过学习可以获得从事网页编辑、网站策划、网络美工创作、动漫设计、网站程序开发、信息编辑、网络广告设计等工作的相应技能。

在学习“网页设计与制作”课程之前，学生已学习了《计算机应用基础》、Photoshop等基础课程，已经具备基本的计算机操作与图形图像制作能力，本课程的后续课程是《网站建设和ASP编程》。

2. 课程目标

课程组认为进行精品课程建设，需要首先明确“网页设计与制作”课程的课程目标，参照既定的教学目标组织教学资源、实施教学计划、改进教学方法、评价教学效果。通过具体实践、广泛调研、深入研讨，课程组为“网页设计与制作”的课程目标从总体目标、理论教学目标、技能教学目标、素质教学目标几个方面进行了相应的界定。

3. 总目标

使学生掌握常用的网页设计工具，熟练运用多种网页设计技术，具备 Web 网页设计、制作及站点管理的基本知识和基本技能，学生能够独立制作中小型的网站。

4. 理论教学目标

（1）了解 WWW、HTTP、HTML、CSS 的定义、概念和作用。

（2）理解服务器、客户端、浏览器的概念和作用。

（3）理解 HTML 语言中的常见标记及其作用。

（4）熟练掌握 Dreamweaver 的基本操作方法。

（5）理解表格、框架、层的作用，掌握设置其属性的方法。

（6）理解 CSS 样式表的作用和意义，掌握定义 CSS 样式的方法。

（7）理解表单的作用，掌握设置表单元素属性的方法。

（8）理解行为的作用，掌握设置行为的方法，理解简单 VBScript 代码的含义。

（9）理解模板和库的作用。

（10）初步了解动态网页设计方法。

5. 技能教学目标

（1）会使用 Dreamweaver 网页设计工具制作网页。

（2）会根据需要修改 HTML 语言中的标记，设置相关标记的属性。

（3）能够熟练进行网页文本、图像、超链接、表格操作，并按要求设置其属性。

（4）能够熟练运用表格、层、框架等进行网页布局。

（5）熟练掌握 CSS 样式的定义和修改，并能根据实际需要进行 CSS 样式的定义和应用。

（6）熟练掌握表单制作方法，能够根据要求进行表单的设计。

（7）能够在网页中根据要求设置行为。

（8）熟练掌握模板设计方法，能够根据实际需要进行模板设计，并能使用模板生成相应的网页；掌握库的基本操作方法，会使用库简化网页设计。

6. 素质教学目标

（1）具有勤奋学习的态度，严谨求实、创新的工作作风。

（2）具有良好的心理素质和职业道德素质。

（3）具有高度责任心和良好的团队合作精神。

（4）具有一定的科学思维方式和判断分析问题的能力。

（5）具有较强的网页设计创意思维、艺术设计素质。

（二）课程内容和结构的重构

1. 教学内容及其组织

课程组根据对职业岗位的需求调研分析可知，开发网站或制作网页一般涉及五个方面的知识和技能，即熟练掌握一个优秀的网页制作工具；熟悉 HTML、CSS 样式表；熟悉网页布局、颜色搭配；学会处理图像、制作动画、网站管理，了解网页设计的基本原理和规则。由于处理图像和制作动画有其自身规律和方法，图像处理一般使用 Photoshop 软件完成，动画制作一般使用 Flash 之类的软件完成，这些软件的使用都需要专门学习。基于这些分析，“网页设计与制作”这门课程必须首先解决图像处理和初步动画制作的知识和技能，网页编辑主要使用 Dreamweaver 软件。

根据职业岗位对知识掌握的要求，课程组对“网页设计与制作”这门课程的教学内容主要进行以下几方面内容的选取：网页基础、网页制作、网页色彩搭配、网页版式设计和综合项目实训。同时充分考虑学生的认知水平和认知能力，把握学生的认知规律，需要合理地组织教学内容。因此，需要按照由简单到复杂、由局部到整体、由易到难循序渐进地进行理论教学、技能训练。为此，课程组将教学内容分为四个教学阶段：

第一阶段，基本入门阶段，欣赏优秀网页设计作品，留下直观印象，激发学习网页设计的兴趣，从而了解网站建设的企业开发过程。

第二阶段，本阶段学习网页制作的基础知识，熟悉网页制作工具 Dreamweaver，训练创建站点、制作模板、CSS 样式表、表格布局的操作技能，形成制作网页的感性认识。

第三阶段，学习网站设计的色彩理论与布局的基本常识，掌握网页设计的实用性、易用性、可用性，由感性认识提高到理性认识，由简单操作提高到理论设计。

第四阶段，按照企业开发网站的工作流程全面熟悉网站开发的全过程，通过综合实训项目将前面所学习的知识，所掌握的技能应用到实际网站开发的实践中。

2. 课程教学内容设计

课程组根据主体教学内容的设置，并参照以往的教学实践，着重做了两方面工作，一是细化课程内容，细化课程内容的选取，并明确相应的知识技能目标；二是设定教学课时的安排，合理安排进学进度。在此基础上形成具体的教学大纲，如表1所示。

表1　“网页设计与制作”教学内容设计

教学单元名称	计划课时	课程内容的选取与知识技能目标
网页基础	2	了解网页的相关概念和术语，认识网页中的主要构成元素
		了解一些制作网页、处理图像、制作动画的专业工具
		熟悉Dreamweaver 8的启动与退出
		熟悉Dreamweaver 8的界面布局和工作环境
		掌握页面属性的设置方法
网站架构的创建	4	熟练掌握在本地创建虚拟站点的方法
		熟练掌握创建文件和文件夹的方法
		熟练掌握站点管理器的使用
		了解制作网站的准备工作
文本操作	4	学会在网页中输入文本与编辑文本，掌握输入空格和实现文本换行的方法
		学会在网页中插入水平线和日期
		掌握网页文本格式化操作
图像操作	4	掌握图像的插入方法
		掌握图像属性的设置方法
		掌握图像与文本混合编排的方法
		掌握插入鼠标经过图像的方法，了解插入图像占位符方法
超级链接	4	掌握创建外部链接和内部链接的操作方法
		掌握制作图像映射的操作方法
		掌握创建E-mail链接的操作方法
		掌握测试链接的有效性的操作方法
表格布局	2	学会添加表格、设置表格属性
		掌握设置表格中行和列属性的方法
		掌握拆分单元格、合并单元格的方法
		掌握在表格中输入文字并定位的方法
		掌握在表格中插入图像并定位的方法

续表

教学单元名称	计划课时	课程内容的选取与知识技能目标
布局表格	2	掌握切换视图的操作方法
		掌握绘制布局表格的操作方法
		掌握绘制布局单元格、移动布局单元格的操作方法
		掌握调整布局表格大小和布局单元格大小的操作方法
		掌握布局表格和布局单元格的属性设置方法
层的布局	2	掌握如何描绘层和插入层、如何选择层和激活层
		掌握层的属性设置方法、如何调整层的大小和位置
		掌握在层中输入文本和插入图像的方法
		掌握嵌套层的创建
		了解层与表格之间的相互转换方法
框架网页	4	掌握在网页中创建框架的操作方法
		掌握为框架命名并导入框架源文件的操作方法
		掌握如何保存框架集文件和各个框架操作文件
		掌握设置框架集属性和框架属性的操作方法
		掌握编辑框架内容的操作方法
		了解设置超级链接的操作方法
美化网页	4	掌握CSS样式表的基本语法和定义位置
		掌握标签样式、高级样式、类样式的定义方法
		掌握样式的编辑方法
		掌握如何使用CSS样式表美化页面
网页素材的定位	4	掌握如何添加多媒体对象
		熟练掌握如何制作Flash动画
		熟练掌握如何用Fireworks处理图像
行为和时间轴	4	学会利用CSS制作特效的操作方法
		学会使用行为制作特效的操作方法
		学会使用时间轴制作特效的操作方法
		学会使用插件制作特效的操作方法
表单网页	4	掌握如何在表单网页中插入表单域
		掌握如何在表单域中插入文本域和文本区域
		掌握如何在表单域中插入单选按钮、单选按钮组和复选框
		掌握如何在表单域中插入列表/菜单、按钮和图像域

续表

教学单元名称	计划课时	课程内容的选取与知识技能目标
模板和库	4	理解模板和库的作用
		学会将已有网页生成模板的操作方法
		掌握如何编辑模板和将模板生成新网页的操作方法
		掌握如何应用库项目制作网页
网站测试	2	掌握网站测试的方法
		了解域名的设计与申请方法
		掌握网站的发布方法
		了解网站的维护与更新
实例分析	4	掌握网站的规划
		掌握站点的创建
		学会创建站点目录结构、准备素材
		熟练制作首页
		熟练制作其他页面
		掌握测试站点
		掌握站点发布
		培养制作布局较为复杂网页的能力
		学会综合利用文字、图片、Flash动画等素材制作网页

3. 教学内容的具体形式

（1）教材。课程组在课程建设过程中，为进一步满足高职高专教育教学对技能教育的需要，重点采用CEAC国家信息化计算机教育认证指定教材，将人民邮电出版社出版的《网页设计与制作》教材作为主要教材实施教学，并在此基础上，以案例教学的基本理念为前提，编写了相应的校本课程《网页设计与制作》，由上海科学普及出版社出版，现已投入实际教学的使用。

同时，“网页设计与制作”这门课程作为一种对专业技能的培养，不是孤立存在的。它要靠多门学科的知识给予支撑，多方面知识的相互渗透和相互依赖，才能构成一个科学的、完整的课程体系。以“网页设计与制作”课程为核心，从中添加与之相关的辅助课程，比如图像处理，后台数据库开发及网络操作系统的应用，常用工具软件的使用等课程，这些辅助课程、知识补充，无疑是提高“网页设计与制作”课程教育教学效果的重要途径。因此，课程组还重点考察了“网页设计与制作”课程开设前后的相关课程及其教材的选取，提出了相应的调整意见，以便为“网页设计与制作”

的课程建设提供必要的准备和延伸。

由于课程软件的升级，教材也及时更新版本，使用人民邮电出版社出版的《网页设计与制作》第2版，该教材是高职院校计算机教育规划教材，实例完整详细。

（2）教学课件。通过院级精品课程的建设，课程组经过不断地教学实践，制作了符合教学需要的PPT课件，课件中大量引入课程教学中所需的动画、视频、图片等素材，较原有课件美观程度大大提高，并具有更好的交互性，不仅适合教师教学，而且也适宜于学生自学使用。

（3）案例网站。课程组针对课程建设，建立不同类型的网站案例用于实践教学。这些案例适用于任务驱动的教学方法，对学生较为全面的掌握网页设计与制作的各项技能奠定基础，同时对考核和评估学生的网站建设能力也具有重要的作用。同时，课程组为案例网站建有相应的工作文档，在工作文档中设定了明确的任务分工和计划，用以辅助课程的教学和学生的自主学习。

（4）习题试题。为更好地对学生的理论学习和实践操作进行更为科学的评价，同时也为帮助同学巩固学习成果，课程组在课程建设过程中广泛收集、筛选、整理并建立了习题库。这些习题和试题主要包括两个方面，一方面是服务学生考取相应资格认证的理论习题，另一方面是提高学生实际动手能力的操作题，主要以采用指导操作为主。同时考虑到社会需求的不断变化和开发环境、开发软件的不断变化，课程组还及时地对习题库和试题库进行必要的更新。

（5）实训项目。为了充分发挥校外实训基地对本课程的支撑作用，更好地服务于学生实际开发能力的提高和未来的就业，课程组正在尝试与校外实训基地及相关企业共同打造适合的实习实训项目。目前，课程组已经初步形成了一些适宜的实习实训项目，希望通过这些项目为学生职业能力的培养提供更好的条件。

（三）课程教学方法与手段的改革

1. 针对不同教学环境和目的，采用不同教学的方法

课堂教学尝试采用项目教学法。课堂教学的重点是在于激发学习兴趣，提高学生分析问题、解决问题的实际能力，在把握理论教学够用、实用的基本原则的同时，充分调动了学生的学习积极性和主动性，有效提高学生的学习能力、应用能力和创

新能力。

本课题组对授课教师在课堂教学中逐步实施项目驱动的教学方法提出了明确的要求，要求任课教师将项目教学方法与基础知识讲解紧密相结合，要做到一边分析讲解、一边操作演示、一边动手练习。

实验实践教学采用任务驱动型教学法。任务驱动型教学法能够较好地调动学生的学习积极性和主动性，有利于训练学生职业态度，有效提高学生的知识应用能力和创新能力。课题组将课程的实验内容按照模仿操作项目、独立操作项目、工学结合项目划分为相对独立的任务，

同时，在教学过程探索使用启发式教学方法和实际案例教学法。启发式教学法主要是通过“网页欣赏—问题提出—准备素材—分析方法—展示结果—模仿操作—归纳总结”这样的过程，突出培养学生的分析问题、解决问题的综合素质，强化学生的动手操作能力，突出“以学生为中心”的原则，达到“在做中学”的目的。实际案例教学法则是将实际案例引入教材、教学体系中，每个重要知识点均与实际应用结合起来，着重提高学生对工作流程的认识，融创新思维培养、团队学习方式、实践案例教学于课程教学中。

2. 充分利用现代化教学手段，提高教学效果

教学中根据实际需要，课程组鼓励教师采用电子演示文稿、大屏幕多媒体投影演示、网络教学等各种先进的教学手段，使课堂教学生动活泼、引人入胜，以此提高教学效果。课程组希望把学生的共同问题通过投影和演示，边讲边演示，使学生即时看到操作效果，同时利用网络将课堂教学延伸到课外，学生根据需要通过网络学习有关的内容。课程组将教师的课件和教学用资料上传到精品课程网站的教学资源下载中心，方便学生课外学习和复习。网站中设置了学生在线问答，方便学生网上提问，与教师相互交流与探讨。

同时，课程组一方面充分利用校园网及 Internet 平台，拓展学生知识面。引导学生通过一些专业网站，获取相关知识和信息，全面了解网页制作的新技术、现状及发展前景，提高学生学习兴趣；并将校园网络设计成师生互动的平台，通过网络答疑促进教学相长。另一方面充分利用社会 IT 企业和校外实训基地，使学生获取相关的知识和技能。通过学生自己制作网页、维护网站以及进行 Web 应用的设计与开发，了解网

络时代的发展脉搏，掌握网络理论知识和网页设计技术；通过现场参观和校外实训实习，使学生得以全面提高综合素质，为以后就业和创业打下坚实的基础。

通过充分利用现代化教学手段，课程组自主开发了课程教学网站，该网站包括教学内容、课程大纲、教学课件、教学资源、实训实习指导、在线测试、授课录像等模块，指导学生自主学习。自主设计和制作了完整的网站用于教学和实训，所有网站的素材、源代码、操作方法都能通过课程教学网站获取，课内课外学习不受时间、地点的限制。“网页设计与制作”课程充分使用现代教育技术手段以促进教学活动的有效开展，在激发学生学习兴趣、强化学生专业技能、提高教学效果方面效果明显。

（四）校企合作实训模式

学院电子商务专业经过努力建有专门的“电子商务实训室”，同时依托学院现代教育技术中心的计算机及网络资源，为“网页设计与制作”课程在校内的实践环境方面提供了有力支撑。

在建立校外实训基地方面，依托电子商务专业的建设，该课程在校企合作实训模式方面进行了卓有成效的探索和实践，学院信息科学系与北大青鸟、上海威讯、合肥翰子昂软件开发有限公司等建立长期的合作关系，依托信息科学系电子商务专业稳定的校外实训基地、职业技能证书的专门培训机构以及顶岗实习的合作单位，为学生的课程实训、双证培养以及就业实训等都提供了一整套的有效支持，这些实训基地目前均已实际接纳本专业学生进行教学实训、产品开发、证书考取、顶岗实习等相关服务。

在校企合作过程中，除了可以进一步提高学生网页设计与制作的实际动手能力外，也凸显了“网页设计与制作”课程在教学中存在的问题，例如部分教材落后、教师的理论教学落后于市场应用等，这为“网页设计与制作”课程下一步的课程改革、教材编写、教师进修等都具有实际的指导意义。同时通过校企合作的具体实践，也发现校外实训基地的教学方式极大地调动了学生的学习积极性，因此，未来还需要加大校外实训基地建设，将校外实训纳入整个教学安排，并建立相应的考评，确保校外实训的实际效果，以此提高“网页设计与制作”课程的教学效果，提高学生网页设计与制作的实际技能。

二、教学团队建设

(一)教学团队结构

教师团队是构成精品课程的关键因素，它直接影响着精品课程建设任务的实现。因此，精品课程建设需要重点关注课程主讲教师个体的“双师素质”及课程主讲教师团队整体的“双师结构”，以此逐步优化团队结构。精品课程建设需要从教师团队的专业、学历、职称、年龄、“双师”比例等方面不断提升、优化，以此培养和造就一支以“双师型”教师为主体的精品课程教师团队。教学团队组如表 2 所示。

表2　教学团队组成

姓 名	性别	出生年月	专业技术职务	职业资格证书	专业领域	在现教学中承担的任务和时间
王邦元	男	1963.11	副教授	高校教师 网络管理师	电子及计算机	理论教学与实践课程设计
李二涛（主讲 1）	男	1972.1	讲师	高校教师 计算机技术	计算机	网页设计与制作理论与实践教学
姜婷（主讲 2）	女	1976.3	副教授	高校教师 网络工程管理	计算机	理论教学与实践
郭鸣宇（主讲 3）	女	1970.10	讲师	网络管理师 心理咨询师	平面设计	实践教学与指导
李亚平	男	1982.2	讲师	高校教师 电子商务师	计算机 电子商务	理论教学与实践
周伟良	男	1966.3	副教授	高校教师 电子商务师	计算机 电子商务	理论教学
何鲲	男	1969.1	副教授	高校教师 电子商务师	管理工程	理论教学
方祥圣	男	1969.11	副教授	高校教师 双师证	计算机控制	理论教学
周自斌	男	1963.2	副教授	高校教师 网络工程师	计算机	理论教学
王媛媛	女	1981.10	助教	助理电子商务师	电子商务	实践指导

目前本课程组主要有教师 10 位，其中有省级专业带头人 2 人，院级青年教学名师 1 人，在读博士 2 人。在职称结构方面：副教授 6 人，占教师队伍总数的 66.7%，讲师 3 人，占教师队伍总数的 23.7%。学历结构方面：课程团队教师都具有本科及以

上学历，其中 45 岁以下均为硕士或硕士以上（含在读硕士 1 人），所有教师均拥有相应的技能资格认证。年龄结构方面：30 岁以下教师占 1 人，31 ~ 40 岁 7 人，41 ~ 50 岁 2 人。所有教师均具有从事计算机应用或相关专业教学的经验。

教学团队中，课程设计指导老师 3 人，主讲教师 3 人。教师责任感强，团结协作精神好；有合理的知识结构和年龄结构，所有教师具均有“双师”资格，拥有从事“网页设计”或相关课程的丰富教学经验，并具有较强的教学、科研能力，有着不同的学缘结构，在专业知识和实践技能方面有着互补性。

由此可以看出，本门课程的教学师资梯队结构明显，初步形成了一支以年富力强、科研活跃的副教授和讲师为骨干的课程团队，是一支中青结合、知识结构合理、人员稳定、教学水平高、教学效果好、经验较为丰富且具有进取精神的队伍。

（二）课程团队建设成效显著

在教学团队的建设中，课程组始终坚持“走出去”和“请进来”相结合的基本理念，对于教师队伍建设，着重强调培养教师的实际项目能力，为教师进入真正的商业项目，切实提高教师的实践能力提供了便利条件。为此，课程组主要围绕以下几个方面开展课程团队的建设。

1. 鼓励教师参与企业实际锻炼

依托信息科学系实习实训基地的建设，选派中青年教师到上海威迅、合肥北大青鸟、合肥翰子昂软件开发有限公司等企业参加生产锻炼，以此提高教师的实践操作和解决实际问题的能力，积累实践经验，实现教学与工作实践相结合，并将优秀的企业文化引入到课程教学中，实现企业岗前零培训的目标。同时，课程组平均每学年选派 1~2 位教师到企业兼职学习，如到上海威讯教育培训机构辅助指导学生实训，并听基地实训老师的理论课，实践时间累积不少于 1 个月。通过这样一系列方式，逐步加强了对专业教师理论教学、实践能力的培养。

2. 鼓励并安排中青教师进行学历学位攻读和短期进修

课程组积极争取系部、学院的政策支持，尽力为课程组的教师攻读硕士博士学位并能顺利取得学位提供便利，有计划地安排教师参加双师资格培训。2009 年，李亚平老师顺利取得了硕士研究生的学历学位，方祥圣老师参加了教育厅举办的双师资格培训。知识结构的及时更新，技能水平的不断提高，在教学中得到充分的反映，课程组的教学工作受到了越来越多学生们的欢迎。近两年，我们有 4 名教师通过培训取得了相应的职业资格认证，有 3 名教师参加了企业挂职锻炼，职称学历结构也得到明显改善。姜婷讲师已于 2009 年晋升副教授职称，李亚平助理工程师已于 2009 年晋升讲师职称，目前团队成员全部取得相应的双师资格认证。

3. 鼓励行业研讨，提高现有教师的素质和业务水平

课程组为教师参加相应的学术会议和行业研讨尽力提供便利，希望通过参加全国性学术会议、教学研讨会等方式扩大年轻教师眼界，了解外界科研、教学改革信息，及时获得教学改革经验与最新研究成果，不断充实自己，提高科研工作能力和教学质量。

4. 鼓励教师积极参与科研、教研课题的申报

课程组积极鼓励教师参与科研、教研课题的申报，鼓励教师经常开展科研、教学研究，以此不断提高学术水平，提高教学质量。通过课题的研究使全体教师在学术水平和教学水平得到较大的提高。课程组王邦元老师主持了院级《高职电子商务专业人才培养模式研究与实践》的研究项目，同时，王邦元老师还主持申报了电子商务省级特色专业并已获批。

5. 认真培养年轻教师

为了进一步提高年轻教师的教学水平，由教研室指定副教授以上职称的教师作为指导教师，负责指导年轻教师学习、听课、辅导、准备与指导学生实验、参加课题研究等工作。对于教学能力较强的年轻教师，要及时安排教学任务，参加辅导答疑和实验室建设。采用具体备课、随堂听课、说课、评课等方式，充分发挥优秀教师的传、帮、带作用，着力提高年轻教师的教学水平和教学效果。同时，通过实习实训基地建设，引导教师进入企业，与行业专家共同研发项目，以此将企业好的经验、方法、手段引入我们的实际教学过程中。

通过上述努力，课程组的成员在学历学位、双师资格、企业实践能力等方面，均有明显的变化，课程团队建设成效初现。

三、考核标准与考核办法

“网页设计与制作”在原有的教学安排中一直是一门考试课，为突出高职专业考核特色，经过多年探索研究实践，课程组建立了以体现职业能力为核心的课程考核标准和学习成果现场演示考核方法相结合的课程考核模式。具体采取理论考核和实践考核相结合，过程性考核和终结性考核相结合，笔试、口试、操作、论文、方案相结合，开卷、闭卷相结合，第一课堂考核与第二课堂考核相结合，校内老师评价与企业、社会评价相结合，学生自评、互评相结合等方式灵活进行。过程性考核主要包括常规教学管理（学习态度、出勤、课堂提问、职业行为养成等）、课堂作业、平时测试和课外作业等。终结性考核包括课程综合训练项目完成情况及成果展示、课程综合设计或报告、期末卷面笔试等。最后按相应的比例计入该课程毕业成绩。

根据情况，现场演示测评人员既可以由授课老师独自承担，也可以由《网页设计与制作》课程所在的电子商务教研室组织，采取授课老师加其他专业老师组成测评组的方式进行测评，还可以采取授课老师加其他专业老师，并邀请企业现场专家组成测评组的方式进行测评，具体采用什么样的方式，可根据学院教学实际情况灵活安排。

（一）理论部分考核

理论考核部分，主要采取过程性考核和终结性考核相结合的方式进行。具体的组成比例如表 3 所示。

表3　理论考核成绩的比重分布

序号	名称		考试课
一	过程性考核成绩	学习态度、出勤情况	10%
		个人书面作业	10%
		课堂发言、课后小组讨论情况	10%
		平时测试	20%
二	终结性考核成绩	期末卷面笔试	50%
—	—	总计	100%

（二）实践部分考核

实践考核部分同样采取过程性考核和终结性考核相结合的方式进行，具体的组成比例如表 4 所示：

表4 实践考核成绩的比重分布

<table>
<tr><th>序号</th><th colspan="3">名称</th><th>考试课</th></tr>
<tr><td rowspan="4">一</td><td rowspan="4">过程性考核成绩</td><td colspan="2">平时实训态度、出勤情况</td><td>10%</td></tr>
<tr><td rowspan="2">平时实训项目平均</td><td>实训操作（含回答问题）</td><td>30%</td></tr>
<tr><td>实训报告</td><td>10%</td></tr>
<tr><td colspan="2">小计</td><td>50%</td></tr>
<tr><td rowspan="4">二</td><td rowspan="4">终结性考核成绩</td><td colspan="2">综合实训态度、出勤情况</td><td>10%</td></tr>
<tr><td colspan="2">能力证据</td><td>15%</td></tr>
<tr><td colspan="2">综合实训报告</td><td>25%</td></tr>
<tr><td colspan="2">小计</td><td>50%</td></tr>
<tr><td>—</td><td colspan="3">总计</td><td>100%</td></tr>
</table>

采用多种方式相结合对《网页设计与制作》这门课程进行考核，改变原有期末一卷式考试方式。采取理论考核与实践考核相结合，过程性考核与终结性考核相结合，体现全面质量管理的理念，在主要章节教学过程中安排相应的教学环节，将随堂作品、技能测试、期末综合作品结合起来，注重对学生网页设计与制作能力的培养，并能对学生知识掌握和动手能力进行全面有效的考核。

四、课程特色与效果

（一）学习兴趣的激发

“网页设计与制作”列为院级精品课程后，在课程建设方面，课程组认为首先需要解决的是采用多种方式提高学生的学习兴趣。因此，该课程授课教师在授课过程中，一方面对所教内容熟练，准备充分，并通过制作新颖、内容充实的课件，调动学生参与的积极性，活跃课堂气氛。同时，根据该课程实用性强的特点，在教学内容中加入丰富的案例，使学生保持较高的学习积极性和主动性，学习该课程的兴趣高涨，教学效果显著。

“网页设计与制作”课程的讲授从教学内容、教学方式到考试考核的全过程，在理论教学方面突出了新、实、特的特点，课程组在教学内容的选取和组织上，既坚持网页设计与制作的基本原理和规范的知识结构，又紧密结合实际，紧跟市场需求和软件升级换代的步伐，坚持与时俱进、创新发展。在教学中，课程组教师的多媒体教学效果突出，幻灯片制作精美，立体制作，图像清晰，图文并茂，教学内容直观、具体、生动形象，教学效果较优，充分调动了学生的学习兴趣。课程组采用大量案例教学，突出“网页设计与制作”课程实践性强的特点，培养了学生分析问题和解决问题的能力。

同时，通过学习，绝大多数学生能够基本掌握网页设计与制作的基本方法，学生分析问题和解决问题的能力进一步提高。经过学习，学生初步掌握了“网页设计与制作”的基本理论和分析方法。通过案例教学、模拟教学、课堂讨论，激发了学生对经济学课程的学习兴趣，有助于学生养成理论联系实际的学习习惯。

“网页设计与制作”确定为院级精品课程后，在课程组成员的努力下，学生的学习兴趣有了进一步的提高，学完本课程后学生能理解该课程在专业中的基础地位、作用和价值，学习风气好转，到课率 98% 以上，校内考核合格率明显提高。越来越多的同学开始参加网页设计师的资格考试，并积极参加院内院外组织的各种竞赛。例如 2010 年安徽省职业院校技能大赛在安徽职业技术学院举行，信息科学系组队参加了高职组“网页设计”的比赛，并获三等奖。

（二）知识与技能的提高

校内实践和校外实训是“网页设计与制作”课程建设的重要工作，尤其是校外实训教学是突出技能培养，提高学生知识和技能的重要途径。通过实训教学，使学生能够在实践操作中综合运用所学知识指导、组织、管理网页设计制作，把理论知识与开发实际结合起来，提高学生分析问题、解决问题的能力，提高学生的实践操作技能。围绕实训教学，课程组主要做好以下几方面工作。

1. 明确实训教学的目标

通过生产实践，使学生获得知识、开阔眼界。通过实践指导学生学好理论课，也是整个实训方法中重要的一环。培养学生基本技能和专业技术技能，使学生具有从事某一行业的职业素质和能力。以行业需求、岗位需求为出发点，设计实训教学计划，培养复合型技能人才。

2. 细化实训教学的内容

实训内容的安排要做到“学、用、新、实”。由于我院校外实训在“网页设计与制作”课程建设过程中还处于一个从无到有的过程，在校外实训方面，对于课程组而言也还是一个不断摸索完善的过程。因此，目前的实训工作主要分为两个部分，第一部分是学生在老师的指导下利用所学的知识做一个静态的完整网站，如个人网站、旅游网站、班级网站、家乡网站等，体裁不限。在制作过程中，主要掌握对网页的布局、色彩的搭配、框架的应用、层的运用、行为的实现、表单的使用、模板和库的应用等，独立完成自己的作品。第二部分是学生参与企业实习，在企业的实际工作中承担相应的开发工作。

3. 努力完善实训教学的条件

加强校内外实训教学基地建设，通过校企合作，不断改善校内外实习实训条件，是课程组课程建设以来的一项重要工作，同时也是未来重中之重的工作。通过努力，课程组与北大青鸟、上海威讯、合肥翰子昂软件开发有限公司等建立长期的合作关系，关于学生实训基地建设相关情况如表 5 所示。

表5　院外实训建设情况

协议单位	服务内容	每次容纳学生规模	是否已运行
北大青鸟	教学实训、产品开发	50人	是
上海威讯	教学实训、产品开发	30人	是
合肥翰子昂	教学实训、产品开发	20人	是
合肥美的	顶岗实习	10人	是
新正奇培训中心	职业技能证书	35人	是

通过“网页设计与制作”精品课程的建设，以及上文所述的考核标准和考核方法，90% 以上学生学完该课程后能基本掌握所学知识点，完全掌握核心知识，考试成绩平均分为 80 分左右。绝大多数同学能够掌握该课程中包的技能，课程综合实训通过率超过 95%。特别是学生网页设计与制作动手能力得到极大提高。例如安徽省职业院校技能大赛、高职组“网页设计”比赛。课程组首次指导学生参赛，便取得三等奖的好成绩。

（三）学生作品展示

（1）健康美食类学生作品如图 1 所示。

图1　健康美食

（2）班级网站类学生作品如图 2 所示。

图2　班级网站

（3）时尚家居网类学生作品如图 3 所示。

图3　时尚家居网

（4）茶艺人生网类学生作品如图 4 所示。

图 4　茶艺人生网

（四）课程评价

在教学过程中，通过听课及随机教案抽查，“网页设计与制作”课程组教师备课充分，教学规范，恰当利用多媒体资源进行教学，师生互动环节掌握较好。每学期采用学生给老师打分的方式，对主讲教师授课情况进行测评，“网页设计与制作”课程组教师教学质量测评结果一直很好。通过多种教学实践手段，让学生真正掌握了设计方法和技巧，对学生就业上岗有直接的帮助，增强了竞争力。

五、课程资源共享建设

（一）课程网站概况

为了更好地提高教育教学水平，实现课程资源共享，服务教师授课和学生自主学习，课程组专门制作了相应的课程网站，在此，对网站建设的基本思路和主要工作做简要说明。

（二）网站建设的基本思路

1. 明确网站定位

在设计精品课程网站之前，课程组根据网站建设的目的、网站的内容与网站的访问对象等进行正确的定位，并根据网站的定位决定网站的整体风格和色彩搭配、网站提供的内容和表现形式，以及网站的服务对象和预期效果。

2. 网站框架及网页的设计与制作

有了清晰的精品课程网站的定位之后，课程组着手进行网站整体风格的设计和构架的确定。精品课程网站属于教育类型的网站，网站的设计应该做到简练、清晰，网站的风格设计应该符合所属课程的专业特点和行业特点，能够突出体现课程特色。精品课程网站在架构设计方面，应该对网站的整体布局、栏目内容等加以明确，设计总体上要以完整的网站形态建设为主。课程网站架构的整体布局应该适应多数师生普遍的浏览习惯，将重点内容放在重点浏览区域。

3. 网站内容及资料上传及审校

在网站的设计和制作完成之后，课程组将课程的申报材料和课程资源逐步上传到站点。上传过程中，课程组十分注意网站内容的准确性、格式的统一，在整体的文字、图片、视频等资料的编辑过程中保持风格一致。丰富精品课程网站内容，需要课程组在较长的时间内分工协作，共同努力，无法一蹴而就。

4. 网站的维护

对于精品课程网站来说，还需要不断地更新课程建设内容，发挥网络课程平台的交互作用才能体现课程建设的长效性，保证网站的生命力。在精品课程网站建立以后，网站的维护至关重要，在课程建设团队中应配备相应的职员对课程资源进行设备维护和定期内容更新，对实现交互功能的互动平台给予及时反馈，使精品课程的网站能够真正发挥其应有的资源共享、示范和辐射作用。

网站制作的过程中，“网站框架及网页的设计与制作”专业性要求比较高。网络精品课程建设的过程中，课程组并没有采用外包的形式将这两个环节交由有相关资质和专长的第三方来完成，因为这样一来，在网络精品课程建设时间的规划和与第三方沟通协调方面就需要更多的投入。因此，课程网站的建设均由课程组成员完成。

（三）课程网站框架

课程网站上网材料主要包括：课程介绍、教师介绍、教学大纲（教学计划）、授课教案、作业习题、实训指导、指定教材、参考文献目录、课程考试考核办法、授课实况录像等。课程网的框架如表6所示。

表6　课程网站框架

序号	一级目录	二级目录	备注说明
1	申报材料	基本信息	主要是课程负责人的介绍，建设服务项目和课程规划
		技术服务	
		课程规划	
2	课程描述	课程性质与作用	讲明课程的教学内容、教学特点，学习方式等基本信息
		课程设计理念与思路	
3	教学队伍	人员构成	该部分反映本课程师资队伍建设情况，参考国家、省精品课程评估方案对师资队伍的要求来描述
		教学队伍整体结构	
		教学改革	
		技术服务/培训	
		师资培养	
4	教学内容	课程内容组织结构	说明课程的章节、知识点、教学大纲、教学重点、教材等
		课程内容的形式	
		教学大纲	
		教材特色	

续表

序号	一级目录	二级目录	备注说明
5	教学方法与手段	教学设计创新	该部分反映课程组教学过程中所采用的不同方法：项目教学、任务驱动等；所采用的不同工具：PPT，在线答疑，在线测试
		多种方法应用	
		现代技术手段	
		网络资源环境	
6	实践条件	校内实验室	说明院内实训室院外实训基地的基本情况和实践教学的开展情况
		校外实训基地	
7	教学资源	授课教案	该部分主要是收集整理，合理组合大量的教学资源：课件、录像、习题、试题等
		教学课件	
		课堂录像	
		实训指导	
		作业习题	
		参考资料	
8	特色与创新	课程特色创新	说明课程建设的创新点，即特色之处
		同类课程比较	
9	学生作品	学生作品展示一	学生作品展示
		学生作品展示二	
		学生作品展示三	
		学生作品展示四	
10	教学效果	教学评价	介绍教学效果的外部评价
		社会认可	

（四）课程网站资源利用

1. 课程资源的整合

再完美的教材、课件、习题或视频讲解，也不可能满足不断变化的教学情境的实际需要，因而，对教学资源的整合对于课程建设是十分有益和重要的。利用课程网站支撑课程教学，扩展课本内容，增大课堂教学容量，引导学生主动学习，培养学生创新精神和创新能力，这是提高课堂教学实效的重要途径。通过课程网站，课程组将《网页设计与制作》课程的教学大纲、教学计划、教学课件、教案、习题、试题重新进行了整理和组合，有利于发现这个整体中的冲突点和薄弱环节，同时不断完善使之成为更加符合教学规律的有机整体。但课程网站毕竟只是教学手段和工具，它的运用不是取代课程教学，而是作为施教者的教学工具，体现施教者的教学目标和教学理念。借助课程网站将教学资源有效地整合起来，辅助教学，对于精品课程建设而言，起到了显著的推动作用。

2. 提高学生自主学习效果

课程组设计开发了相应的教学网站，帮助学生构建自我选择、自我调控和自我评价的学习活动，提高自主学习效果。教学的网络化已经成为现代教育的一大特征，同样也促进了高等教育走向网络化、远程化和个性化。依托课程网站，学生以多媒体计算机为媒介，在网络环境下进行自主学习，依据网络的资源共享、交互学习和超文本链接等特征，在一个外部刺激丰富的环境中，自主获取知识、应用知识、解决问题。网络环境下的自主学习具有能动性、独立性、开放性和交互性等特点，有利于促使学生成为整个学习活动的主体，自主确定学习目标，决定学习内容和进度，选择学习方法和技巧，监控学习的过程，评估学习成果。

3. 开放教育资源

精品课程网站的建设是学院开放教育资源（OER）的有益尝试。开放教育资源是指“不受版权限制的，或者是在知识产权协议下发布的，可供他人免费使用或复制的教学、学习和研究资源”，包括课程资料、教学模块、教材、教学录像、试卷、教学课件，以及其他用于获取知识的软件工具或技术系统。提供开放课程的高等学校受益匪浅，依托精品课程网站不仅展示了学院形象，促进了招生，同时也有助于整顿教学，开发积累优质教学资源，提高教育教学水平。因此，随着开放教育资源这种理念逐渐被广大高校所接受，必将会对高校的教学实施产生深远的影响。虽然说我们的课程建设还仅仅停留在展示课程的阶段，但这毕竟是一个十分有益的起步。

六、课程建设存在的主要问题和改进措施

“精品课程是具有一流教师队伍、一流教学内容、一流教学方法、一流教材、一流教学管理等特点的示范性课程。精品课程建设是高等学校教学质量与教学改革工程的重要组成部分”，通过“网页设计与制作”精品课程的具体建设实践，课程组对照相应的标准，发现课程建设还存在诸多不足。

（一）存在的主要问题

1. 实习实训建设相对滞后

由于投入力度不够，缺少与企业和校外实习基地的深度合作，是目前课程建设的

主要障碍。实践环节的滞后，不能满足教师和学生教育教学的需求。这种滞后主要表现在三方面：一是在数量上实习实训基地并不能满足所有学生、所有实训项目的实训需求；二是在质量上由于实训项目与企业项目的差异性，造成课堂教学与企业需求还存在一定的差距，因此在实训质量上还存在较大的改进空间；三是企业参与系部人才培养工作的积极性还不够高、投入较少。因此，院外实训基地建设仍相对滞后，还不能完全满足学生的实践需要。

2. 师资队伍建设仍需加强

教学团队建设滞后，师资结构也需进一步优化，拥有双师证的教师还不完全具备双师素质，尤其是青年教师、专任教师中具有针对性工作经历的并不多。青年教师的培养是师资队伍建设的重点，它直接关系到精品课程建设的可持续发展。结合课程建设的实际，应进一步落实青年教师培养计划，使青年教师有责任感和使命感。在制订培养计划时，还应注意从每个青年教师的实际出发，充分发挥其业务专长，并组织青年教师观摩、试讲、参加教学基本功比赛和教育教学研究实践，组织专家听课、考评，不断提高青年教师的学术水平和教学水平。

3. 课程网站的利用有待加强

课程网站的建设在精品课程建设中扮演着极为重要的角色。对于整合教学资源、促进自主学习、开放教育资源等都起到积极的推动作用。但是，目前精品课程网站的实际作用并没有被充分发挥，仅从学生的利用角度看，使用的积极性还远远不够。这其中有网站建设本身不足的原因，例如教学资源互动性存在不足、网站在提供直接的实践环境方面相对滞后等，也有教师教学引导缺失的原因，没能将课程教学有效地延伸到网络平台，没能将课程网站融入整个教学过程中。

（二）拟采取的政策措施

第一，积极筹集资金，加大课程建设的资金投入。课程建设在院内实训室、院外实习实训基地建设等方面的投入仍存在一定缺口，课程组应从学院、系以及自身等多方面筹集资金，继续加大教改资金投入力度，完善教学条件，保证教学改革顺利进行。课程的建设与学院、系的大力支持是分不开的，课程组应加强与学院、系的沟通，争取能够在教师对外进行学术交流、深造等方面为课程组提供更多的政策支持。

第二，深化校企合作，为学生提供更大的实习空间。学生的社会实践活动是锻炼学生实际操作能力的关键环节，因此，课程组应继续加强和企业、软件公司、网络公司的联系，建立更多的实践教学基地，设计更为合理的实训项目，并为学生争取更多的实习场所和机会。

第三，扶持青年教师开展科研、教研活动。为了提高青年教师的理论研究水平，课程组仍需要采取老教师“传帮带”“青年教师导师制”等方式鼓励和帮助青年教师参与科研、教研活动。青年教师每周的课程应该适量，腾出时间来进行必要的学习和科研。

七、项目建设的后续设想

第一，更新教学内容，丰富教学资源。结合电子商务 2010 级培养计划的修订，改编教学大纲、电子教案、习题等，不断完善教学内容，丰富网络资源，完善网络课堂，逐步实现授课录像上网。

第二，继续尝试和摸索新的教学方法，提高课堂教学质量。课堂教学的质量是进行实践教学的保障，课程组应在原有理论教学、实验教学、课堂讨论、专题讲座等教学方式的基础上，继续探讨新的教学方法，实现课堂教学质量的全面提高，充分利用好课堂的 45 分钟。

第三，着力加强实践性教学环节。实践教学环节是培养学生实际操作能力和知识应用能力的有效途径，对于“网页设计与制作”课程来说至关重要，因此，需要尽可能地增加综合性、设计性实践项目的比例。经过课程组的不懈努力，本课程虽然已经有比较稳定的实习基地，学生可到上海威讯、北大青鸟、合肥翰子昂等企业实地实习，但由于数量有限，而学生数目太多，不能保证每个学生都去实习，因此这也直接影响到教学效果。在以后课程建设的过程中，要进一步加大实习基地建设力度，保障实习工作的顺利开展。

第四，优化师资队伍结构，提高青年教师教学水平。本课程师资队伍的整体情况虽然比较好，但职称、学位结构仍然有进一步提升的空间，为此，今后重点要提高教师的整体水平，包括参加短期培训，鼓励承担科研和教研项目，结合院系的整体人才战略，有计划地扶持部分教师攻读博士学位，引导教师与校外单位合作进行项目开发，多形式、多渠道地提高教师的教学水平和实际技能，努力建设一支学历、职称层次高，主讲教师教学效果好，责任心强，结构合理，富于开拓创新，能吃苦耐劳的课程师资队伍。

总之，我们将继续努力，在院系领导的大力支持下，重点抓精品课程的内涵建设，继续深化改革，扩大影响，为申报省级精品课程和国家级精品课程做准备。

第二节　“网页设计与制作”课程教学大纲

一、课程的性质、任务与基本要求

（一）性质与任务

Dreamweaver 是网页制作的一门实用课程，是网络类专业的一门实践性很强的专业基础课。本课程开设的主要目的是为了适应 Web 技术的飞速发展，让学生掌握网页制作的基本技术，为学生今后在学习、工作中建立网站及制作网页打下基础。通过本课程的学习，使学生了解网站设计制作的全过程，并且熟练掌握 Dreamweaver 制作网页的基本方法和技巧，并能利用 Dreamweaver 提供的强大功能制作出有专业水准的网站，实现知识和技能两方面共同提高。

（二）基本要求

第一，了解网页设计与制作内容的规划方法、设计网页布局、站点规划与设计流程、编辑站点、Logo Banner 设计思路、动作脚本的用途等基本概念。

第二，掌握制作一个主页的基本流程，具体页面元素的设置方法、设置布局、单元格和表格格式的方法，调整图像的方法等。

第三，熟练掌握网站的链接和导航，创建站点常见元素、网页的发布和调试。

二、主要教学内容及教学要求

（一）网页设计初步

1. 主要教学内容

（1）预备知识。

（2）网页。

（3）Dreamweaver 8 中文版简介。

2. 教学要求

（1）了解 Internet 应用有关的名词术语：WWW（World Wide Web）、Web 站点、主页（Homepage）、浏览器（Browser）、超级链接、http、URL、html（hypertext markup language）语言、文件传输（FTP）、电子邮件（E-mail）等。

（2）初步认识 HTML 文件的组成。

（3）掌握 Dreamweaver 的使用界面中各组成元素的名称与功能。

（4）理解站点、网站、网页及网页属性的概念。

（二）网站架构的创建

1. 主要教学内容

（1）网站建设的工作流程。

（2）建立站点实例。

（3）设计主页。

（4）创建 Dreamweaver 8 文档。

2. 教学要求

（1）熟练掌握在本地创建虚拟站点的方法。

（2）熟练掌握创建文件和文件夹的方法。

（3）熟练掌握站点管理器的使用。

（4）了解制作网站的准备工作。

（5）设置页面属性 。

（三）页面元素的添加

1. 主要教学内容

（1）编辑文本。

（2）添加图像。

（3）超级链接。

2. 教学要求

（1）了解网页中文本的输入、编辑以及打开、关闭与设置其属性的方法。掌握系统属性及网页属性的设置方法，及各设置参数的作用。

（2）要求重点增加水平线的方法及文本列表的设置。

（3）掌握图像对象的主要属性与设置方法。

（4）掌握图像映像、翻转图片对象等的特点、用途及设置方法。

（5）掌握制作超级链接、E-mail 链接、锚点等形式的超级链接。

（6）掌握导航条与跳转菜单的特点与用法。

（四）网页元素的定位

1. 主要教学内容

（1）页面规划概述。

（2）表格布局。

（3）框架布局。

（4）层布局。

（5）布局综合实例。

2. 教学要求

（1）熟悉表格与单元格的主要属性及其设置方法。

（2）掌握框架结构网页的制作方法。

（3）掌握在网页中创建、修改层和嵌套层的方法。

（五）网页的美容师

1. 主要教学内容

（1）初识 CSS 。

（2）使用 CSS 编辑器。

（3）设置 CSS 样式的属性。

（4）使用 CSS 样式综合实例。

2. 教学要求

（1）了解网站中应用 CSS 的意义。

（2）熟练掌握 CSS 样式的定义、设置及应用。

（3）要求重点了解 CSS 滤镜的应用。

（六）网页素材的定位

1. 主要教学内容

（1）网络影院的灵魂——媒体对象。

（2）Fireworks。

（3）Flash。

2. 教学要求

（1）掌握如何添加多媒体对象。

（2）熟练掌握如何制作 Flash 动画。

（3）熟练掌握如何用 Fireworks 处理图像。

（七）行为和时间轴

1. 主要教学内容

（1）行为。

（2）时间轴。

（3）行为、时间轴和层的应用综合实例。

2. 教学要求

（1）掌握利用时间线制作网页动画的方法。

（2）会利用系统提供的主要行为，设置网页对象的行为，从而实现交互式网页的设计。

（3）能够下载、安装并使用第三方行为。

（八）网页交互的实现

1. 主要教学内容

（1）初识表单。

（2）表单综合实例。

（3）使用行为验证表单。

2. 教学要求

（1）学会使用 Dreamweaver 中应用表单设计网页的方法。

（2）全面掌握表单的创建、编辑、处理方法，以及各表单对象的功能、特点和用途（包括：复选框、下拉列表框、按钮）的特点与使用方法。

（九）页面制作的资源

1. 主要教学内容

（1）创建模板。

（2）应用模板。

（3）库项目。

（4）其他资源的管理。

2. 教学要求

（1）要求掌握 Dreamweaver 8 中模板与库元素的概念与作用。

（2）了解模板的固定区域与可编辑区域的区别和用途。

（3）了解更改模板或库元素对使用选定的模板或包含选定库元素的网页的影响。

（4）学会通过模板和库元素创建网页的方法。

（十）网页的安家

1. 主要教学内容

（1）站点的测试。

（2）站点的发布。

（3）站点的后期维护。

2. 教学要求

（1）了解通过站点管理器规划、创建站点的方法与站点设置参数的意义和设置方法。

（2）熟悉站点管理器的用途，学会利用站点地图查看、管理各网页之间的超链接关系。

（3）掌握通过站点管理器发布站点的方法与上传、下载与同步更新站点内容的方法。

（十一）网页制作综合实例

1. 主要教学内容

（1）综合实例制作。

（2）优秀网站欣赏。

2. 教学要求

通过一个站点综合实例的练习，全面介绍了站点创建的全过程，内容包括站点目录结构的规划，各网页的创建、布局及设置方法。要求学员通过该课程的学习，学会制作包含表单的交互式网页，掌握利用 Fireworks 处理图片、制作按钮与导航栏等网页的创作技巧。

三、独立实践项目

为巩固学生理论知识的学习，并提高学生实际项目操作的动手能力，建议该课程采用课程设计形式，建议用时 1 周，课时数 20。

四、必要说明

（一）课程开设的基本条件

1. 先修课要求

学生在学习本课程之前最好具有使用 Windows 操作系统、Internet 基础及 Office 办公软件的经验，并能熟练使用 Photoshop、Fireworks 和 Flash 三个软件。

2. 教学重点与难点

（1）Dreamweaver 样式的应用、层、框架、表格、表单的应用等。

（2）超链接、行为、动态网页的设计等。

3. 教学法建议

本课程的教学以多媒体课件作为新的教学媒体，采用大屏幕投影教学，着重体现理论和实践的结合。授课、上机操作并结合具体的设计课题进行教学，及时解决设计中遇到的实际问题，通过丰富多彩的范例引起学生兴趣，以设计带动软件的教学。即讲授理论的同时加入具体的设计项目，力求达到实战的效果。

本课程是一门实践课程，以应用、设计和开发为目的，并且考核的重点也是考查学生对 Dreamweaver 软件的实际应用能力和创新能力。因此，教学中应理论联系实际，高度重视实践环节。

建议每一阶段的教学活动均在多媒体教室进行，最好能在多媒体教室兼学生机房的实验室进行。教师的教学最好采用演示教学，学生的学习应结合教师的演示进行实际的操作，这样在教学过程中可以做到教师一边教、学生一边学，使教师的教学生动形象，使学生的学习能够更充分、更实在。

（二）建议使用的教材及教学参考书

教材：《网页制作实用教程》（第 2 版），张淑清主编，人民邮电出版社，2008 年。

参考书：《Dreamweaver 8 标准教程》，施博客研究室编著，海洋出版社，2006 年。

（三）考核方式及成绩评定

1. 考核方式及形式

（1）本课程考核方式：考试。

（2）考试方式：采用实训与大作业相结合的方式。

2. 总评成绩的组成及评定标准

本课程的总评成绩由两部分组成。课内实践项目作为平时成绩，占 30%。学期末，以大作业的方式进行考核，要求学生独立设计一个网站（自由选题），考核学生的网站设计与规划能力。即能综合运用网页制作工具、图像处理工具设计制作出专业性网站并能够顺利发布、浏览，占 70%。

（四）修订说明

（1）本大纲根据高等职业教育电子商务专业的培养目标与特点，规定了学生必须掌握的基本知识、基本理论和基本技能。

（2）在保证达到教学要求的前提下，对教学内容、次序和学时分配等，可根据具体需要进行适当调整。

第三节　实践教学大纲

实验一　初识Dreamweaver

实习目的：

（1）掌握认识并熟悉 Dreamweaver 的工作界面。

（2）能够自定义工作环境。

（3）进行一个简单的网页设计。

学时分配：1 学时。

实习内容：

（1）认识 Dreamweaver 的工作界面。

（2）自定义工作环境。

（3）熟悉 Dreamweaver 的各个浮动面板。

实验二　文本与网页属性设置

实习目的：

通过实习要求掌握网页的一些基本常识，例如，文档的创建、打开与保存，标尺与网格的使用，捕捉与辅助设计图片的应用等。掌握设置文本格式的方法，如文本的断行与缩进、文本列表及格式化文本的方法。

学时分配：1 学时。

实习内容：

（1）练习文本的输入及属性的设置。

（2）文本列表的创建及编辑。

（3）网页属性的设置。

实验三　插入图像

实习目的：

（1）通过练习要求学生掌握常见的图像格式及图像的插入方法。

（2）能够修改图像属性，利用外部图像处理软件编辑图像。

（3）创建图像映射，建立 Web 相册。

学时分配：1 学时。

实习内容：

（1）了解网页图像的格式及常见的图像编辑软件的使用。

（2）网页中图像插入及编辑练习。

（3）映射图的创建及编辑。

（4）Web 相册的创建及编辑。

实验四　链接练习

实习目的：

（1）掌握设置文本超级链接的方法。

（2）掌握设置图片超级链接的方法。

（3）掌握设置图片热点超级链接的方法。

学时分配：1 学时。

实习内容：

（1）超链接的基本概念和种类。

（2）文本和图片超链接的实现。

（3）图片热点超链接的实现。

（4）锚点超链接的实现。

实验五　利用表格进行页面布局

实习目的：

（1）握表格的创建、结构调整与美化方法。

（2）熟悉表格与单元格的主要属性及其设置方法。

30 掌握通过表格来进行网页页面的布局方法。

学时分配：2 学时。

实习内容：

（1）表格创建及属性设置练习。

（2）外部数据的导入。

（3）表格美化。

（4）利用表格进行网页布局。

实验六　框架练习

实习目的：

（1）掌握框架网页在创建、选择、设置、存储与应用方面的特点。

（2）掌握框架结构网页的制作方法。

（3）掌握 Iframe 标记以及各个属性。

学时分配：2 学时。

实习内容：

（1）框架的基本操作练习。

（2）框架布局练习。

（3）框架中的链接练习。

实验七　层叠样式表——CSS

实习目的：

通过练习要求学生掌握 CSS 样式面板的使用，插入样式表的方式、样式表的优先顺序、CSS 的基本语法与功能，能够为 HTML 设置样式，熟悉 CSS 样式定义对话框的各项功能，并熟练使用 CSS 滤镜进行各种样式的设置。

学时分配：2 学时。

实习内容：

（1）熟悉 CSS 样式面板。

（2）设置各种类型的 CSS 样式。

（3）熟悉 CSS 样式定义对话框中各项的含义。

（4）滤镜的设置练习。

实验八　表单制作练习

实习目的：

（1）学会使用 Dreamweaver 中应用表单设计网页的方法。

（2）全面掌握表单的创建、编辑、处理方法，以及各表单对象的功能、特点和用途（包括：复选框、下拉列表框、按钮）的特点与使用方法。

学时分配：2 学时。

实习内容：

（1）练习表单及表单对象在网页中的插入。

（2）表单对象的编辑练习。

（3）表单元素正确性的验证。

实验九　图层

实习目的：

通过本章的练习，应掌握层的基本操作方法比如，层的创建方法、层的各种编辑、层的相关属性设置及层与表格间的转换方式等。

（1）掌握在网页中创建、修改层和嵌套层的方法。

（2）掌握层的属性和编辑层属性的方法。

（3）掌握移动、删除层的方法。

（4）初步将层与行为进行简单结合。

学时分配：1 学时 。

实习内容：

（1）创建并进行层的编辑。

（2）层的相关属性设置练习。

（3）层的基本操作。

（4）层与表格间的相互转换练习。

（5）尝试层与行为的初步结合。

实验十　行为应用练习

实习目的：

（1）了解行为、事件与动作的概念。

（2）学会利用行为面板设置控制对象的行为。

（3）会利用系统提供的行为，设置网页对象的行为来实现交互式网页的设计。

（4）能够下载、安装并使用第三方行为。

学时分配：1 学时。

实习内容：

（1）熟悉行为面板。

（2）各种 Dreamweaver 内置行为练习。

（3）下载安装并使用第三方行为。

实验十一　时间轴练习

实习目的：

通过练习，要求学生掌握时间轴的基本使用方法，如使用时间轴创建动画，时间轴与行为相结合，将行为添加到时间轴上，使用时间轴与行为改变图层的属性。

学时分配：2 学时。

实习内容：

（1）熟悉时间轴面板。

（2）利用时间轴创建并编辑动画。

（3）使用时间轴与行为结合创建动画。

实验十二　模板与库

实习目的：

通过练习要求学生掌握库与模板的基础知识和应用，如创建和设置库元素、为网页添加和编辑库元素，并掌握创建模板、设置模板的各项属性等内容。

学时分配：2 学时。

实习内容：

（1）熟悉资源面板。

（2）创建、设置库元素，练习为网页添加库元素。

（3）创建、设置、修改模板。

（4）套用模板创建文档，利用库元素更新网站。

实验十三　多媒体元素的插入

实习目的：

掌握如何在 Dreamweaver 中插入 Flash 动画、Flash 按钮、Flash 文本、视频、声音以及插件。

学时分配：2 学时。

实习内容：

（1）Flash 动画与 Flash 元素的插入练习。

（2）视频与声音的插入练习。

（3）外部插件的使用。

实验十四　网站发布与维护

实习目的：

（1）掌握通过站点管理器发布站点的方法，上传、下载与同步更新站点内容的方法。

（2）熟悉站点管理器的用途，学会利用站点地图查看、管理各网页之间的超链接关系。

（3）申请一个空间，进行一个网站的上传与管理、维护。

学时分配：2 学时。

实习内容：

（1）修改、细化自己设计的一个网站。

（2）申请一个个人网站空间。

（3）上传网站到 Web 服务器。

（4）尝试推广自己的网站。

实验十五　综合实例制作

实习目的：

（1）通过欣赏优秀网站提高对网站的总体设计水平。

（2）初步建立一个任意题材的网站，要求从设计蓝图出发，深刻剖析网页结构，更侧重于网页的制作技巧，使用网页规划、CSS 样式、模板、库及插入多媒体元素等高级技巧。

学时分配：2 学时。

实习内容：

（1）欣赏优秀网站，提高对网站的总体设计水平。

（2）初步设计一个综合网站，为课程设计打下基础。

第四节　课程实训项目大纲

一、课程设计的性质和任务

本课程设计是学生在学完“网页设计与制作”基础课程之后的一个综合性和实践性很强的教学环节，通过对一个完整网站（主题自定）的设计，使学生对《网页设计与制作》所学的内容有一个系统的理解和掌握，能熟练应用网页设计软件 Dreamweaver 中各章所学的知识，提高分析和解决实际开发项目问题的能力，为后续课程的学习及今后从事网站开发工作打下坚实的基础。

二、课程设计的基本内容

利用所学的知识做一个静态的完整网站，如个人网站、旅游网站、班级网站、家乡网站等，体裁不限。

在制作过程中，主要掌握网页的布局、色彩的搭配、框架的应用、层的运用、行为的实现、表单的使用、模板和库的应用等知识，独立完成自己的作品。

三、本课程设计的基本要求

（1）通过完整的课程设计使学生能够熟练掌握并加深各章知识点的掌握程度。

（2）提高学生网站分析和设计能力，通过可行性研究分析，获得整个网站的整体要求，设计出美观、经济合理又能保证质量的网站内容。

四、学时分配建议

20 课时（ 5 天）。

五、其他说明

（一）时间安排

星期一：明确网站主题，应力求简洁，要点明确，要以简单的画面和语言告诉浏览者站点的主题；收集网页素材，并进行加工整理、分类。

星期二：主页的设计，主要是对版面进行合理布局，利用表格和层对版面进行合理定位。通过文字图形的空间结合，表达出和谐与美。

星期三：其他页面的制作，注意与主页的和谐统一，并对各页内容进行充实；要在页面上适当地运用表单、模板、库和行为等功能。

星期四：多页面之间的链接，特别是关系十分密切的有上下文关系的页面，设计时一定要含有向前和向后的按钮，便于浏览者的访问。

星期五：作品调试，书写实训报告。

（二）考核方法

完成网站设计（占70%）+完成实验报告（占30%）。

六、教学团队主要成员参加网站建设项目

（1）2006—2010年主持并参加安徽行政学院（安徽经济管理干部学院）、经济管理学院信息科学系、教务处、学生处、就业办、旅游系、公共管理系、院办公室、金融系、计算机系、公务员培训班等二级网站设计。

（2）合肥市财会成人中专学校网站与网络办公（OA）系统设计（www.hfscx.com）。

（3）太平洋保险公司安徽分公司基于Web的人力资源管理系统设计（内网）。

（4）合肥职工科技职业培训学校网页设计与培训管理系统设计（建设中）。

（5）南京金箔金线总厂企业网站建设（www.chinagoldfoil.com）。

七、“网页设计与制作”教材建设与精品课程研究论文

（1）项目负责人主编《网页设计与制作》和动态网页设计教材《ASP 与网络数据库》。

（2）“网页设计与制作”精品课程建设探索与实践论文已经由《电脑知识与技术》杂志 2010 年 12 月录用，将于 12 月 28 日出刊。

参考文献

[1] 付永平，刘玉 . 网页设计与制作 [M]. 清华大学出版社，2007.

[2] 傅连仲，杨小劲，张明学 . 网页设计与制作教程 [M]. 清华大学出版社，2010.

[3] 任学文，范严 . 网页设计与制作 [M]. 科学出版社，2006.

[4] 曹亮 . 论当前网络精品课程建设的若干关键问题 [J]. 科技信息（学术研究），2008（12）：313.

[5] 黄泽钧 . 精品课程网站的设计与建设 [J]. 湖北水利水电职业技术学院学报，2007（1）：50–53.

[6] 王文静，雷体南 . 高职院校精品课程网站的构建与开发 [J]. 武汉冶金管理干部学院学报，2008（3）：49–53.

[7] 屠群峰 . 高职教育国家精品课程分析及建设方向 [J]. 职教论坛，2009（12）：9–12.

[8] 赵颜，郑锡伟 . 现代教育技术与精品课程制作的整合研究 [J]. 广西民族大学学报（哲学社会科学版），2008（1）：185–188.

[9] 朱剑萍 . 关于高职精品课程师资队伍共享机制的思考 [J]. 职业教育研究，2009（4）：57–58.

[10] 李学农，陈庆 . 精品课程网站设计策略及创建思路 [J]. 中国医学教育技术，2006（5）：389–391.

安徽省高等学校省级教学研究项目
项目名称："互联网+"时代高职高专数据库课程教学改革研究与实践
项目负责人：姜婷
批准文号：2015jyxm738
建设周期：2015—2017年

"互联网+"时代高职高专数据库课程教学改革研究与实践结项报告

一、项目执行情况

（一）项目总体规划

本项目研究在实施过程中，认真贯彻执行国务院颁布的《国家中长期教育改革和发展规划纲要（2010—2020年）》（2010年）、《关于积极推进"互联网+"行动的指导意见》（2015年）以及《国家教育事业发展"十三五"规划》（2017年）等文件精神，通过对省内外同类专业的院校调研，基于安徽行政学院（安徽经济管理干部学院）现有的实际办学条件，对数据库课程设置做了适时的课程设置改革与实践研究，修订了2015—2017级信息工程系相关专业人才培养方案，组织编写了新的数据库教材，尝试采用了新媒体等手段与学生进行互动式教学。

（二）课程设置与教学计划改革

"互联网+"时代高职高专数据库教学的主要出发点在于培养学生的数据思维习惯和运用数据解决问题的能力，是对现代信息技术人才的一种素质要求。人才培养方案修订的主要区别与课程设置特色如下。

1. 区别设置不同专业数据库课程

过去学院的数据库课程都以微软的SQL SERVER作为讲解对象，计算机专业学生学习没有压力，但其他专业的学生理解有一定难度。在修订的新计划中，电子商务等文理兼收专业的数据库课程改为采用微软的Office套件里的Access作为讲解对象，既满足了相关专业的培养目标，又降低了学习难度，不再以培养程序设计者为目标，而是更加注重培养学生数据思维能力。

2. 调整理论和实践学时比例

数据库是对学生动手实践能力要求较高的课程，其基本理论较为深奥，高职高专教学应以够用为度。电子商务等专业的 Access 课程学时设置为 36 学时，其中理论 18 学时，实践 18 学时，可直接安排在机房进行教学。计算机专业的 SQL SERVER 课程设置为 60 学时，其中理论 36 学时，实践 24 学时，较其他专业对理论知识和实践能力的培养要求更高。

3. 完善数据库课程链内容

构建了以 Access 或者 SQL SERVER 为核心的课程链体系，加强了该课程与其他相关课程（如网站建设、VB 程序设计）的知识衔接与融合。理论知识的选取紧紧围绕工作任务完成的需要来进行，同时充分考虑高等职业教育对理论知识学习的需要。

（三）教学管理与教学制度改革

（1）强化教学环节的各项监控，使教学质量得到充分保障。坚持学院、系部两级常规检查、教学督查以及学生信息员制度，对教学过程全方位监督。

（2）坚持集体备课和教案评比。教研室根据教材内容体系集体研究和规划教学内容体系，分解教学单元，落实每个单元集体备课的主讲教师人选，每个单元组织一次集体备课。每个学期末，教研室开展教案互评及专家评阅评比，并纳入教师教学质量考核体系。

（3）建立公平合理的网上评教系统。本课程的学生评教已纳入校内教务网络系统，学生可自主对相关教师的授课情况进行评价，这对教师提升课程教学效果、端正教学态度有良好的促进作用。

（四）SQL SEVER 教材的特点

1. 知识体系构建

阐述了 SQL SERVER 设计的基本知识和应用方法，涵盖了 SQL SERVER 操作的全过程。同时，结合高职学生的客观实际对教学内容进行了调整，建立适应社会现状和学生层次的知识体系框架。

2. 难度选择上

较为适中，适合高职教学需要。教材从高职高专教学的实际情况出发，突出基础理论知识的应用和实践能力的培养。基础理论以必需、够用为度，强调数据库系统开发过程中规范化的开发流程，专业教学加强针对性和实用性。从实际应用案例出发，讲解循序渐进、通俗易懂，内容实用，充分考虑到高职教育的知识层次，有利于开展以项目导向组织教学，以任务驱动实施教学等教学活动。

3. 内容安排

结构清晰，流程完整，案例充分。在每一章里既有理论讲述，又有实践演练。每章的重要知识点均有配套案例，利于学生理解理论、学会应用，真正突出高职高专的办学宗旨与特色。

（五）教学方法与教学手段改革

（1）课程注重教学方法的科学性。明确教学目标，突破陈旧的教学模式，将传统的灌输式教学方法转变为启发式教学。

（2）教学中，课程实行传统授课方法与多媒体教学手段相结合，教师讲授与学生互动相结合，课堂讨论与课后作业相结合，课堂讲解与教外考察实践相结合。

（3）充分了解学生的知识结构，因材施教、因人施教，明确而恰当地体现教师的教学特色，努力培养学生的创新思维，培养学生独立思考问题和解决问题的能力，促使学生主动养成自我设计、自我塑造、自我完善的学习意识，从而全面地提高学生的综合素养。

（4）将科研项目、产学研合作带入课堂实践教学中。强调科研对教学的促进作用，要求和鼓励教师把科研与教学有机地结合起来，把科研成果带入课堂，将教师承担的省级重点科研项目的内容引入教学，将有关教师发表与这些课程有关的研究论文作为课外阅读资料或教学案例，使学生通过实实在在的项目、研究内容、研究方法加深对课本理论概念的理解及实际应用，把最新的知识和信息传递给学生，以促进教学质量的不断提高。

二、成果特色

（一）突出课程的前沿性和实用性

课程教学中充分注重吸收和利用数据库最新研究成果，力求授课内容的时代性和前沿性。授课过程中，注意培养学生使用数据库知识解决实际问题的能力；引导学生培养数据思维习惯，启发学生独立思考；课堂讨论中，鼓励学生畅所欲言，各抒己见，培养学生的创新意识。

（二）实践教学的创新性和人才培养成效性

在专业课程教学过程中摸索出了一套基于项目引导的综合实践教学方法，有利于提高学生的综合分析问题和解决问题的能力以及实践能力。由专业教师基于横向项目引导学生参与到相关的数据分析与管理实践中去，有利于增强学生理论与实践结合及解决问题的能力。

（三）授课方式的多样性和教学主体的互动性

课程以采用课堂教学、上机实训为主，课后线上讨论为辅进行教学。课后通过微信公众号分享学习经验和业内动态，通过百度云分享软件资源，使学生可以自主地学习；教师也可以通过网络布置作业、批改作业或进行测试等，与学生无拘束地进行交流，提高工作效率。这种授课方式在提高学生的积极性和主动性的同时，促进了师生之间的交流，加强了“教”与“学”的互动。

三、推广价值

（一）学生基础知识宽厚扎实，实践创新能力强

在加强理论课教学的同时，努力加强实践教学，从而能有效巩固教学成果，拓宽学生视野，使学生对数据库知识有一个全面、立体的认识，对提高学生毕业后从事科研工作和生产实际指导能力有巨大帮助。

（二）学生毕业后工作成绩显著

毕业生有的考上本科继续深造，有的在企业做数据管理工作，无论从事何种行业，由于他们的专业基础扎实，实践能力强，在各自的岗位上都发挥着重要的作用。用人单位反馈效果良好，普遍认为毕业生工作能力和创新能力强，对毕业生的社会责任感、敬业精神及协作精神也给予了很高的评价。

四、需要进一步研究的问题

（1）如何构建具备教学管理、资源共享、教学互动、评价分析等功能的一体化平台。

（2）如何利用社交工具的特性激发学生学习积极性。

（3）如何将最新数据库研究成果与高职高专学生具体教学实际相结合。

二分图最优匹配算法在任务驱动式教学效果分析中应用

王邦元

（安徽经济管理干部学院信息科学系，安徽合肥 230059）

摘要：为了提高信息技术课程教学质量，教师在教学中推行各种教学改革，如采用项目教学法，以任务驱动式教学来提高教学效果，培养学生操作技能。文章采用图论中二分图最优匹配算法分析了网页设计课程中任务驱动式教学效果，以促进教学质量提高。

关键词：二分图；最优匹配；任务驱动；教学效果

2003年教育部决定实施“高等学校教学质量与教学改革工程”，根据《国务院关于大力发展职业教育的决定》，2006年11月教育部在《关于全面提高高等职业教育教学质量的若干意见》中提出了大力推行工学结合，突出实践能力培养，改革人才培养模式。我院在电子商务人才培养模式的改革中进行了积极探索，通过以项目为导向、任务为驱动式教学方法改革，极大地调动了学生的学习积极性，并大大提高了学生的实践能力和职业能力，同时有利于提高专业教师的综合素质。为了培养适用社会岗位需求、具有较强操作技能的人才，我院2008年建设质量工程项目，积极采取创新式教学模式改革。本文以具有信息技术课程特征的“网页设计与制作”精品课程教学改革为例，分析研究项目化任务驱动式教学效果，寻求最佳方案，以达到最佳效果。

一、教学设计中任务分配

实施任务驱动教学时，任务设计要符合学生的特征，要考虑到学生的知识基础、认知能力、兴趣等，还要考虑到学生合作能力和集体学习环境。我们在实践中将“网页设计与制作”课程以项目化设计，在项目中结合教学大纲提炼并分解为5个任务，将学生分成5人一组的学习小组，各组之间大体上搭配平衡。本文将学生和教学任务抽象为带权的二分图的匹配图如图1所示，并根据学生对任务的完成能力情况排序，这些综合能力就成为二分图中的权值（0~5），最后通过最优匹配算法来选择一种最佳匹配方案，使得学生完成任务的整体效率最高（最佳教学效果）。

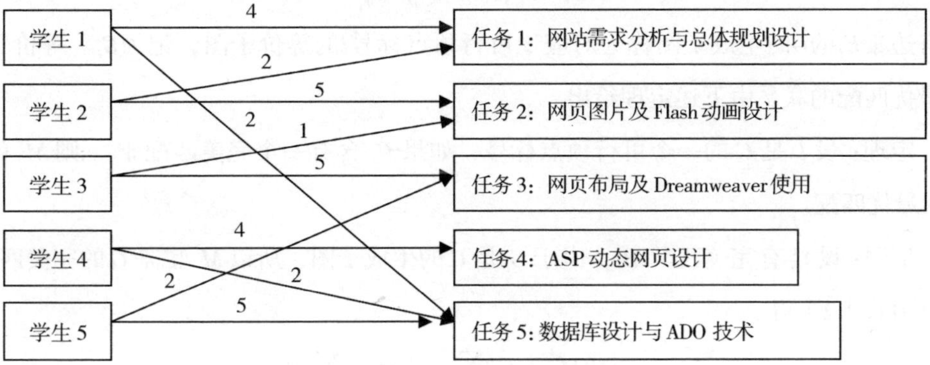

图1　抽象的带权二分图匹配图

二、二分图理论

（一）最优分派问题

在人员分派问题中，考虑到每个工作人员做各项工作的效率，为使所有人员工作总效率最大，寻求一个最优分派方案，这就是最优分派问题。

考虑一个具有二分图（X，Y）的赋权完全二分图 G，这里 $\{X=x_1, x_2, \cdots x_n\}$，$Y=\{y_1, y_2, \cdots y_n\}$，边 x_iy_j 有权 w_{ij}，表示工人 x_i 做工作 y_j 的效率，最优分配问题显然等价于在这个赋权图中寻找一个有最大权的完美匹配。我们称这种匹配为最优匹配。

若在顶点集 $V=X\cup Y$ 上确定一个实值函 l，使适合下述条件：对所有的 $x_i\in X, y_j\in Y$ 都有

$$l(x_i)+l(y_j)\geqslant w_{ij} \tag{1}$$

这样的l称为二分图G的一个可行顶点标号，$l(x_i)$ 或$l(y_i)$ 称为顶点 x_i 或 y_j 的一个标号。令

$$\begin{cases} l(x_i)=\max\limits_{y_j\in Y}\{w_{ij}\} & x_i\in X, \\ l(y_i)=0, & y_i\in Y, \end{cases}$$

则 l 就是所给赋权完全二分图的一个可行顶点标号。令

$$E_l=\{x_iy_j|l(x_i)+l(y_j)=w_{ij}\} \tag{2}$$

具有边集E_l的G的生成子图称为对应于可行顶点标号l的等价子图，记为G_l。等价子图与最优匹配的联系由下述定理给出。

定理：设 l 是 G 的一个可行顶点标号，如果 G_l 含有一个完美匹配 M^*，则 M^* 就是 G 的最优匹配。

证明：设 G_l 有完美匹配 M^*，由于 G_l 是 G 的生成子图，所以 M^* 也是 G 的完美匹配，于是由式（2）得

$$w(M^*)=\sum_{e\in M^*}w(e)=\sum_{v\in V}l(v)$$

这是因为每个 $e\in M^*$ 都属于这个等价子图，并且 M^* 的边的端点覆盖 V 的每个顶点恰好一次。另一方面，如果 M 是 G 的任一完美匹配，则由式（1）可知

$$w(M)=\sum_{e\in M}w(e)\leq\sum_{v\in V}l(v)$$

从以上两式推出 $W(M)^*\geqslant W(M)$，于是 M^* 是最优匹配。

（二）Kuhn–Munkres 算法

Kuhn 和 Munkres 给出了在赋权完全二分图中寻找量优匹配的算法。其基本思路如下：

首先给出一个可行顶点标号 l，然后构造等价子图 G_l，对 G_l 应用匈牙利算法。若在 G_l 中找到一个完美匹配 M^*，则由定理知，M' 就是 G 的一个最优匹配；否则，匈牙利算法终止于一个不是完美的匹配 M' 和一棵既不包含 M'——可增长路，又不能在 G_l 中进一步生长的 M'——交错树 T。随后，把 l 修改为具有下述性质的另一个可行顶点标号 $\bar{l}$：M' 和 T 都包含在 G_l 中，并且 T 能够在 G_l 中增大和生长。重复进行这种可行顶点标号的修改，直到在某个等价子图 G_l 中找到一个完美匹配为止。

Kuhn–Munkres 算法步骤：

（1）给出 G 的一个任意可行顶点标号，求出 G_l，并在 G_l 中任选一个匹配 M。

（2）如果 X 的所有顶点都是 M——饱和点，则因 $|X|=|Y|$，M 就是 G_l 的一个完美匹配，从而是 G 的最优匹配，算法终止；否则，设 u 是 x 中的 M——

未饱和点，令 $s=\{u\}$　$J=\varnothing$。

（3）若 $N_{Gl}(S)\supset J$ 则转步骤（4）；否则，$N_{Gl}(S)=J$，计算

$$a_l=\min_{\substack{x_i\in S\\ Y_J\in J}}\{|l(x_i)+l(y_j)-w_{ij}\}$$

且由

$$\bar{l}(v)=\begin{cases}l(v)-a_l & v\in S,\\ l(v)+a_l & v\in J,\\ l(v) & \text{其他}\end{cases}$$

给出新的可行顶点标号 l，注意 $a_l>0$ 且 $N_{Gl}(S)\supset J$。用 $\bar{l}$ 代替 l，以 $G_{\bar{l}}$ 代替 G_l。

（4）在 $N_{Gl}(S)\backslash J$ 中选取一个顶点 y，如果 y 是 M——饱和点，且 $yz\in M$，则用 $S\cup\{z\}$ 代替 S，用 $J\cup\{y\}$ 代替 J，再转步骤（3）；否则，在 G_l 中找一条 M——可增长路 P，用 $\bar{M}=M\oplus E(P)$ 代替 M，再转步骤（2）。

三、实例效果分析

我们以“网页设计与制作”精品课程教学改革为例，采用项目化、任务驱动式教学模式，将具体的信息系网站项目化分解成 5 个任务（X_i），分配给学生。在教学设计过程中，任务分配是根据学生个人对具体任务的认知能力情况划分，即分 5 人一组（Y_j），5 个学生和 5 项任务，5 个学生做这些设计任务的效率（或能力）由学生自己填写教师发放的表格。例如学生 1 对项目化中的 5 个任务能完成的能力（效率）情况如表 1 所示。

表 1　学生 1（X_1）完成任务的能力情况

任务	具体任务内容	完成能力
任务1（y_1）	网站需求分析与规划设计	3
任务2（y_2）	网页图片处理与Flash动画设计	5
任务3（y_3）	网页布局与Dreamweaver应用	5
任务4（y_4）	ASP动态网页设计	4
任务5（y_5）	数据库设计及ADO技术	1

注　能力为 0 则说明学生无法完成该项任务。

经过统计的某 5 人学习小组对分配的任务构成下列赋权矩阵：

$$W(G)=\begin{array}{c} \\ x_1\\ x_2\\ x_3\\ x_4\\ x_5\end{array}\begin{array}{c}\begin{array}{ccccc} y_1 & y_2 & y_3 & y_4 & y_5\end{array}\\ \begin{bmatrix}3&5&5&4&1\\2&2&0&2&2\\2&4&4&1&0\\0&1&1&0&0\\1&2&1&3&3\end{bmatrix}\end{array}$$

需寻求一种最优分配方案，使学生完成项目任务的总工作效率最高（即达到最佳教学效果）。

先给一个可行顶点标号 l：

$$l(x_1)=\max_{y_j\in Y}\{w_{1j}\}=max\{3,5,5,4,1\}=5,$$
$$l(x_2)=2,$$
$$l(x_3)=4,$$
$$l(x_4)=1,$$
$$l(x_5)=3,$$
$$l(y_j)=0\quad l\le j\le 5,$$

符合$E_l=\{x_iy_j\,|\,l(x_i)+l(y_j)=w_{ij}\}$的边权用虚框圈上。

$$W(G)=\begin{array}{c} \\ x_1\\ x_2\\ x_3\\ x_4\\ x_5\\ l(y_j)\end{array}\begin{array}{c}\begin{array}{ccccc} y_1 & y_2 & y_3 & y_4 & y_5\end{array}\\ \begin{bmatrix}3&\boxed{5}&\boxed{5}&4&1\\\boxed{2}&\boxed{2}&0&\boxed{2}&\boxed{2}\\2&\boxed{4}&\boxed{4}&1&0\\0&\boxed{1}&\boxed{1}&0&0\\1&2&1&\boxed{3}&\boxed{3}\end{bmatrix}\\ \begin{array}{ccccc}0&0&0&0&0\end{array}\end{array}\begin{array}{c} l(x_i)\\5\\2\\4\\1\\3\\ \\ \end{array}$$

对应于这个可行顶点标号的等价子图 G_l 如图 2 所示。在 G_l 中取一个匹配 $M=\{x_1y_2, x_2y_1, x_3y_3, x_5y_5\}$ 易见，X 不是 M——饱和的。但因 G_l 中有集 $S=\{x_1,x_3,x_4\}$ $N(S)=\{y2,y3\}$,$|N(S)|<|S|$。于是由 Hall 定理知 G_l 没有完美匹配，且按算法步骤（3），对标号 l 修改：

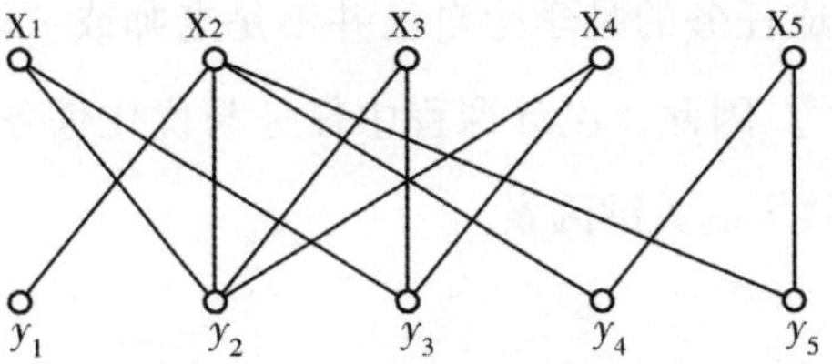

图 2

$$a_l=\min_{\substack{x_i\in S\\ y_j\notin N(S)}}\{l(x_i)+l(y_j)-w_{ij}\}=$$

$$\min\{(5-3),(5-4),(5-1);(4-2),(4-1),(4-0);(1-0),(1-0),(1-0)\}=1$$

$$\overline{l}(v)=\begin{cases}l(v)-1 & v\in\{x_1,x_3,x_4\},\\ l(v)+1 & v\in\{y_2,y_3\},\\ l(v),\text{其他},\end{cases}$$

得：

$$\begin{array}{cc} & \begin{array}{cccccc} y_1 & y_2 & y_3 & y_4 & y_5 & \bar{l}(x_i) \end{array} \\ W(G)=\begin{array}{c} x_1\\ x_2\\ x_3\\ x_4\\ x_5 \end{array} & \left[\begin{array}{ccccc} 3 & 5 & 5 & 4 & 1\\ 2 & 2 & 0 & 2 & 2\\ 2 & 4 & 4 & 1 & 0\\ 0 & 1 & 1 & 0 & 0\\ 1 & 2 & 1 & 3 & 3 \end{array}\right]\begin{array}{c} 4\\ 2\\ 3\\ 0\\ 3 \end{array} \\ \bar{l}(y_j) & \begin{array}{ccccc} 0 & 1 & 1 & 0 & 0 \end{array} \end{array}$$

对应等价子图 G_l 如图 3 所示，利用匈牙利算法可得到它的一个完美匹配 $M=\{x_1y_4,\ x_2y_1,\ x_3y_3,\ x_4y_2,\ x_5y_5\}$，它就成所求的最优匹配。于是最优分派为：学生 x_1，x_2，x_3，x_4 及 x_5 分别做任务 y_4，y_1，y_3，y_2 及 y_5，此时学生完成任务总的最大工作效率为 4+2+4+1+3=14。

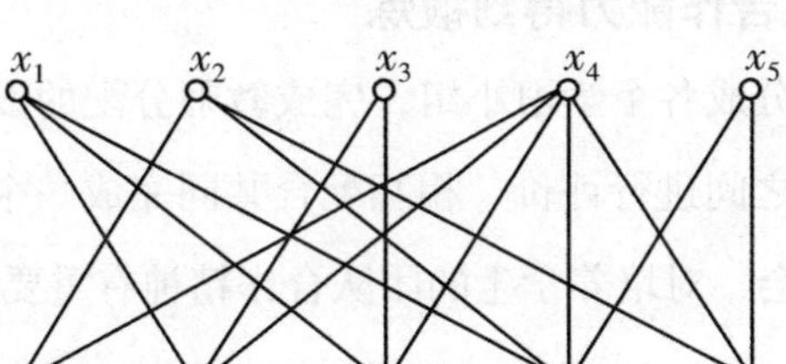

图 3

可见 KM 算法对抽样的班级学生最优匹配分配任务将使得学生完成任务的总体效率最大，学生通过体验成功激发求知欲望。实际上，任务驱动教学中任务只作为学习的桥梁，驱动学生完成任务的是学生自己并不是老师或“任务”，即按某些研究者说是学生的“成就动机”。因此，设计课程中任务与优化任务分配来激发学生的“成就动机”则是提高教学效果的关键因素。

四、结论与思考

通过对“网页设计与制作”课程采用任务驱动教学模式的实践和教学效果的分析，我们可以采用最优分配任务方案，使得学生完成任务的总体效率最高，即学生能力达到最大限度发挥，满意度最高，教学效果最佳。同时我们得出以下几点体会。

（一）成功的设计体验比获得知识更重要

合理地设计工作任务，使学生在学习过程中获得成功的设计体验，极大地激发了学生的自主学习兴趣，对高职院校的学生岗位职业能力的培养有重大意义。让学生自己动手，在教师指导下完成各项任务，比教师在课堂上按照书本操作教学效果要好得多。

（二）学生为主体下教师指导能力要加强

任务驱动式教学模式的改革从根本上转变了教师的角色，使教师成为学生学习任务的设计者、组织者和学生学习过程的指导者。因此，要求教师具有相当的专业职业技能，能直接指导学生完成设计项目。

（三）学生的团队合作能力得到锻炼

学生按能力、兴趣分成各个学习小组，完成教师分配的设计任务，每个学生都有自己的任务，同时互相之间进行评价，相互配合共同完成一个项目，这是学生相互学习、相互合作的锻炼机会，对培养学生的团队合作精神有重要作用。

（四）值得思考的问题

一是项目的任务划分应根据教学大纲内容进行，以能够培养学生岗位职业能力技能为依据。随着技术能力的更新，教学内容也必须改革。二是在学生能力较差的情况下，参与小组学习的自主学习能力不够，教师应针对不同的小组学生给予相应的指导方案。教师要努力创造条件引导学生完成任务，但不可越俎代庖、过多干涉，否则学生无法真正体验到成功的快乐。三是按照 KM 算法使整体教学效果最佳，即学生完成任务的效率最高，就必须事先精心设计教学内容，按学生的综合能力合理分配给学生任务。

参考文献

[1] 何良胜，何秋梅 . 高职院校工学结合行动导向教学模式探析 [J]. 中国教育技术装备，2010（18）：19–20.

[2] 李子运，陈剑俊 .《信息技术》教学设计与实践探索——基于“合作型任务驱动”教学设计模式的尝试 [J]. 现代教育技术，2009（2）：113–117，127.

[3] 杨胜超，张瑞军 . 基于二分图最优匹配算法的毕业论文选题系统 [J]. 计算机系统应用，2008（7）：14–17，34.

[4] 卢开澄 . 图论及其应用 [M]. 北京：清华大学出版社，1995.

[5] 林慧杰 . 信息技术课中任务驱动与自主合作学习的探索 [J]. 校长阅刊，2006（9）：58–60.

基于真实项目的高职教学模式改革与实践

王帮元　周自斌

（安徽经济管理干部学院信息科学系　安徽合肥 230059）

摘要：项目导向法是一种以项目为导向、以任务为驱动、采用多种教学方法的工学结合教学模式。真实项目引入教学中对学校的教学管理会产生一定的影响，文章分析了真实项目教学模式改革中需解决的问题，并以“网页设计与制作”精品课程真实项目教学模式的改革与实践为例，探讨高职院校的人才培养模式的教学改革。

关键词：真实项目任务驱动人才培养；教学改革

引言

为体现职业特点，众多高职院校大力推行工学结合，突出学生的实践能力培养，积极改革与创新教学模式。项目教学就是以项目为导向、以任务为驱动、采用多种教学方法的工学结合教学模式，项目教学的研究极大地提高了学生的学习能力、实践能力和职业能力。目前，高职院校的研究者结合本校实际情况探索适合高职学生的项目教学法，如多层次项目驱动教学模式、真实项目引入实训课程模式等。其主要方法是以一些小项目为背景，经过加工形成案例以模拟方式教学，着重先学习后开发，学生难以真正进入角色。我院电子商务专业 2010 年成功申报省级特色专业建设点，在课程改革上以“网页设计与制作”精品课程建设为试点，积极探索电子商务专业以真实项目为主导的工学结合教学模式，以典型的工作任务为载体组织教学，实现教学与实际工作的真正结合的项目式教学，收效显著。

一、真实项目引入教学需解决的问题

（一）转变传统教育观念

大力发展职业教育，培养具有一线岗位职业能力的技能型人才，是高职院校办学的主要宗旨。在大力推行工学结合，突出学生实际能力的培养，改革人才培养模式的高职教育形式下，我们高职院校的教师必须改变传统教学模式以适应高职教育的需求。然而，有许多高职院校的教师疲于应付学校的教学工作量，完成规定的教学任务，在教学上仍然采用“理论 + 实验”的传统模式完成教学，只是在实践课程中增加课时量，调整教学计划，教学改革与创新力度不大。因此，教师必须彻底改变传统教学模式，转变观念以适应职业教育的特点。除此之外，高职院校还必须加大“双师型”教师队伍的培养，才能适应高职教育。

（二）真实项目的来源途径

除行业型高职院校有相关专业的真实项目研究外，一般高职院校能够与企业合作实现真实项目的研究也不太多，主要原因是学校经费短缺、各种实验设备不足；“双师型”教师还不多；企业为了自身的短期利益也不愿意和学校进行真实合作。因此，真实项目教学模式引入到教学中的关键，在于能否给学校、企业和学生三者都带来实惠。而连接学校、企业、学生的纽带是“双师型”教师，只有通过教师在企业参加项目研究或教师申报科研项目等获得真实项目，并直接引入到教学过程中，才能实施完整项目教学。

（三）配套教学管理制度

真实项目的教学模式要按照项目的管理与实施过程进行，其教学内容、时间、地点等根据不同的项目有不同的要求，原有的课程教学计划必须调整或改革管理模式与之配套。学生完成项目要在实训室进行，实训室按照传统的管理模式使用，就不能按时完成项目教学内容，因此要按需要制定管理使用办法。在考核学生成绩过程中，也不能采用传统的考试模式，必须要进行改革，可以把基本理论考核与项目评价考核相结合。

二、“网页设计与制作”课程项目化教学实践

（一）项目选择与准备

根据教师对外技术服务获得的项目的难易程度，结合课程教学内容及专业要求，选择适合高职学生学习开发的项目。笔者在对本院信息科学系、计算机工程系、公务员培训部、某贸易公司、院级精品课程网站等改版与建设中，获得了较多的真实项目。我们选择了院级精品课程建设项目作为范例，将项目进行模块划分，再将模块分解成具体任务，以任务驱动式教学。根据教学内容任务分解如表1所示。

表1　“网页设计与制作”精品课程网站设计项目模块分解

模块	任务	指导课时
项目规划任务书设计	网站需求分析与内容规划	2
主页设计（1）	HTML与网页表格布局	2
	网页内容的编辑	2
主页设计（2）	超链接与导航栏设计	2
	网页样式的美化（CSS样式）	3
二级栏目页面设计	网站图片的设计与处理	3
	Flash基本动画设计	3
二级栏目页面设计	使用模板设计页面	2
用户登录模块	认识动态网页表单设计	3
	网站数据库设计	2
	用户注册与登录代码设计	4
知识扩充	网页编辑器应用	2

（二）学生分组与项目分配

结合学生兴趣、特长、基本能力对学生分组，每个小组既是项目小组也是一个学习小组，依据学习和动手能力的高低以及男女比例自愿组合，并选举一个组长负责小组学习和老师的信息交流，可以根据班级人数平均每班划分为6~8个小组为宜（每组6人左右）。在项目分配上，基本依照教师制订的真实项目，每组必须同时完成相同的项目内容，内容的样式、布局以及美化情况每组不同，可以充分发挥学生的创新能力。

（三）制定项目设计任务书

教师根据与学校系部或精品课程项目组签订的技术（委托）开发协议，拟定项目任务书。通过详细介绍项目的名称、栏目要求、功能效果等，让学生小组制订较为详

细的设计任务书，包括主页设计布局、二级栏目设计和详细内容显示样式等。教师首先给出指导性意见和样书以便学生参考，并要求确定每一阶段目标的时间、工作步骤和方法，教师对计划书进行审查。

（四）项目教学开展

（1）针对具体项目的细化模块进行知识储备和扩展。教师在课堂上结合教材进行模块化知识分解和应用指导，并能达到示范或演示效果，以教会学生具体完成模块功能的方法为目的。

（2）根据教师课堂模块化指导的内容，结合项目设计任务书完成具体模块的设计。一个项目可能分解成多个模块，项目小组要根据模块内容分配到个人实施。

（3）课堂实践与课外设计实践结合，真实项目教学的过程要充分利用实训室，所以在课堂实践中将教师示范的知识应用进行反复实践，做到“教、学、做”一体，以便能继续利用课外实践完成模块的设计。

（4）阶段性总结和技术交流，每个项目学习小组对完成的模块进行总结，在小组内进行交流，给出设计的技术路线和实现方法，让设计其他模块的学生分享成功经验和成果。教师可以安排适当的课时让小组之间进行技术交流，提出完善和改进方法。

开展项目教学法是带着实践过程中发现的问题来学习新的理论知识，学生有一定的感性积累，有强烈的求知欲，明确了学习方向，拓展了学习的深度和广度。

（5）项目评价基本分为两个阶段，一是模块化阶段检查交流，对于出现的阶段性问题，组织团队讨论，相互评审，引发学生进行思考，提出解决方案，老师进行对应的指导和评价。二是终期通过用户测试验收，再进行修正、完善和改进，完成项目。最后，通过总结评价给定学生考核成绩。

三、真实项目教学主要特色

（一）知识与能力结合

在真实项目教学模式下，通过教学模式改革实践，教师走出了枯燥低效的课堂教学，将科研与教学融为一体，既可保持与本行业的密切联系，又极大地提高了自身实践能力。学生在真实教学项目中学习，通过实际完成项目，能够激发学习兴趣，同时培养了将来的岗位就业能力。

（二）专业与职业并驱

通过引入实际项目的管理模式，让学生亲身体验网页设计人才的职业素质和岗位技能要求，在实践中培养爱岗敬业的职业素质、自主学习的能力和谦虚谨慎的工作态度，培养符合企业就业岗位要求的技能型人才。

（三）课堂内外互补

学生的知识面不应仅局限于课堂的知识传授，更应该在课堂之外不断学习和丰富。通过课题研究，教师指导并进行知识扩展，教会学生学习的方法和手段，拓展学生的思维空间，学生可以通过网络多媒体设备参考和学习到很多成功设计项目，提高科学研究与学习能力。

四、结束语

在我院精品课程的项目建设中，以“网页设计与制作”精品课程建设为例，在教学中将真实项目引入教学中，培养学生自我学习、发现问题和解决问题的能力，督促学生按时保质完成各个阶段性任务，实践效果明显。当然，真实项目教学应根据不同课程开展，并在内容的模块化分解上下功夫，做到符合教学大纲内容，达到设计实际项目的目的。

参考文献

[1] 袁梅冷．高职软件专业多层次项目驱动教学模式探讨与实践 [J]. 职业教育研究，2008（2）：141-142.

[2] 郑根让，徐光迎．真实项目引入高职实训课程的探索与实践 [J]. 广东技术师范学院学报，2009（2）：40-43，119.

[3] 韩包海．项目导向法在高职课程教学中的应用 [J]. 科技信息，2009（2）：171.

[4] 白文君．真实项目引入项目教学的实践与探索 [J]. 职大学报，2008（4）：125.

第三部分 实习实训基地建设

安徽省高等学校教育厅质量工程项目
项目类别：特色专业
项目名称：电子商务特色专业建设点
项目负责人：王帮元
建设周期：2010年11月—2015年12月15日

省级电子商务特色专业建设点项目结题报告

一、项目建设目标

（一）专业建设目标

2010年11月安徽行政学院（安徽经济管理干部学院）电子商务专业在安徽省高校质量工程项目中获批“特色专业”建设点。围绕特色专业建设，我们组织电子商务专业的老师分别与安徽财贸职业技术学院、安徽城市管理职业学院、安徽工商职业技术学院等高校以及省内电子商务企业进行交流探讨了高职电子商务专业建设的有关问题，并在院、系领导带领下到上海、苏州、义乌等地进行了专题调研，然后经过反复讨论，确定了专业建设目标：专业建设的理念上遵循实用性，以“大专业、小方向”划分培养方向；构建有创新性的人才培养模式；最终使培养出的人才不仅具有良好的职业素养，而且更重要的是要有实践动手能力，培养面向商贸流通领域的电子商务人才。

（二）项目建设的总体目标

（1）不断完善、调整与修改培养方案，进行专业定位，对专业培养目标、培养模式、教学方案、教学内容和课程体系等进行改革与重新设计，构建创新模式下的适应现代职业教育新形势下电子商务人才需求方案。

（2）加强师资队伍建设，重点培养中青年骨干教师，形成专业带头人、教学名师、骨干教师和教坛新秀等结构不断完善的师资队伍，使师资队伍整体素质逐步提升，教学、科研水平进一步提高，着力打造一支“双师型”省级电子商务教学研究团队。

（3）大力推进教学方法和教学手段改革，积极申报省级教研项目，形成研究成果，将研究课题贯穿到课程教学中。打造精品课程，建设一批符合岗位职业能力需求的规划教材，设计与市场一致的实践教学环节，形成从课堂、实验室到企业和市场的特色教学链。

（4）建设具有特色的实践教学环境，重点建设符合电子商务发展需求的实验室、校内外实习实训和创业实践基地。强化实践教学，培养学生创新、创业意识，推动大学生在校创业以带动社会就业。

二、建设情况综述

特色专业建设规划任务于2011年4月6日正式启动，经过五年研究和建设，基本完成了项目建设任务。通过我们努力，本专业建设进展顺利，已按计划完成了项目建设目标，逐步达到特色专业要求标准。在专业发展目标、思路与培养方案方面，经过多次研究与调整，发展目标明确，专业定位能够体现我校的特色并符合社会需求，培养方案也得到了不断地优化。在师资队伍建设方面成绩显著，师资的学历结构和职称结构得到较大的改善，建设了一支省级教学团队，教师队伍整体的教学与科研水平有了明显的提高。在教学条件方面有了很大改进和提升，特别是实习实训与创业实践环境的建设在同类学校同专业中处于优势的地位，为提高实践教学质量奠定了基础。教学改革稳步推进，课程体系设计更加规范、科学，教学管理逐步走向科学化、规范化，教材建设也取得明显的进展。在实验和实践教学方面进行了大量的探索，为理论教学与实践教学的有机结合和应用型人才的培养积累了许多经验。特色专业建设的执行情况与措施以及进展情况汇报如下。

（一）建设逐步完善的人才培养方案

本专业在坚持强素质、重技能的前提下，立足市场化、信息化、一体化发展的要求，着眼国内市场化、专业化、社会化的发展趋势，着力培养德、智、体、美全面发展，知识、能力、素质结构优化，具有社会主义市场经济适应能力和竞争能力，具有创新精神和实践能力的技能型人才。在人才培养规格定位上结合本学科专业的历史、现状、未来发展趋势和学校高职人才培养总体目标等情况综合考虑，彰显特色。根据我校的性质与学科特点，我们将电子商务专业的特色确定为培养面向商贸流通领域的具有营销能力和电子商务技术的技能型人才。根据这一培养目标，2011 年进行了教学计划调整。

以岗位（群）的需要和职业标准为依据，把握用人单位对本专业的需求，明确电子商务专业定位和培养目标，探索我院电子商务专业人才培养模式。2011 年依托电子商务省级特色专业建设，系领导和项目负责人带领项目研究人员到上海电子商务港（火速学院）、苏州网络营销基地等地进行调研，积极开展多方合作，研究探讨我省电子商务发展和学院人才培养模式。为了更好地了解市场对电子商务专业人才需求情况，2011 年 11 月 20 日，我们积极组织教师在我院的 2012 届毕业生大型招聘会上进行岗位调查。对招聘会的 72 家到场企业所提供的近 2500 个就业岗位进行了分析，通过对用人单位性质、岗位需求和职业能力需求分析，获得了用人单位对电子商务专业毕业生人才需求情况的调研结果。

2013 年 12 月，信息工程系领导带队到安徽国际商务职业技术学院、安徽商贸职业技术学院、安徽财贸职业技术学院等兄弟院校进行人才培养模式与实训基地建设情况调研。2014 年 10 月，项目负责人参加了安徽中华职业教育社组织的企业老总与院校对接的电子商务人才培养模式研讨会。通过对毕业生的就业总体流向进行分析，包括毕业生就业区域流向分析、毕业生就业单位性质流向分析、毕业生就业行业流向分析，结合对电子商务职业岗位能力的调查分析，确立了在不同岗位的工作过程和任务，根据工作过程建立了电子商务专业课程体系。确立了电子商务职业岗位群：一是网站建立、维护以及网络编辑，二是网站推广、网络营销与网店运营，三是客服与物流配送管理。以岗位（群）的需要和职业标准为依据，把握用人单位对本专业的需求，明确电子商务专业定位和培养目标，探索我院电子商务专业人才培养模式。同时结合我院生源实际情况，初步确立了专业建设方向，即网络营销和电子商务网站推广维护方向。根据确定的专业小方向，我们在电子商务专业人才的培养中注重以下四个方面。第一，注重实践能力的培养，增强学生的动手能力和实践创新能力。第二，注重本专业与其他专业的交叉和融合，特别是营销类专业等。第三，注重培养学生的文字表达、人际沟通、信息获取与运用的能力以及分析和解决问题能力的培养。第四，注重网店运营管理能力培养，使本专业学生具有较强的电子商务系统运用能力以及创业能力的培养。

2013 年，在经过一年的实践过程后，我们发现在电子商务人才培养方案上所确定的初步方案效果不佳，所以在调研的基础上又一次进行了人才培养方案的调整和完善，将技术类课程的网站建设管理方向将其调整为网店运营与管理方向，引入淘宝大学网店运营专才类型课程以及 SEO 技术课程、商务谈判等，重点向商务类型转型。

2014 年 9 月获得省财政支持资金 60 万元，建设了“校企合作 O2O 电子商务创业实训基地”。在校企合作方面与厦门优优汇联信息有限公司、校星物流信息公司以及安徽尚亿电子商务公司等合作建设了 O2O 电商创业实践基地。在职业能力培养上引入了人力资源和社会保障部助理电子商务师职业资格标准，鼓励学生参加电子商务师职业资格证，使该专业学生毕业时获得双证书。2014 年，王帮元申报立项的省级教研项目“面向岗位能力的电子商务人才培养模式研究与实践”结题。2015 年，项目负责人王邦元出版《现代电子商务人才培养模式改革与管理》专著 1 部。

（二）建设结构合理的师资队伍，支撑专业建设能力

本专业教师共有 8 人（不含兼职任课教师）。从职称结构上看，有副教授 4 人，讲师 4 人，高级职称占 50%。从学历结构上看，具有博士学位 2 人（其中含在读博士），硕士学位 6 人，硕士以上学历占 80%。从学科背景上看，经济学 2 人，管理学 2 人，信息科学 4 人。从年龄结构上看，40~50 岁 4 人，40 以下 4 人，45 岁以下教师具有硕士以上学历占 75%。因此，跟以前相比，本专业职称结构、学历结构有较大幅度提高，知识结构也更趋合理。从整体看，年轻骨干教师居多，已经形成了有省级电子商务专业带头人、院级教学名师、骨干教师、教坛新秀的教学团队。

在“双师型”师资队伍培养中，结合学生校外实习实训任务，在学生校外实训期间委派电子商务专业教师进行辅导和学习工作，使辅导教师不仅学习到了企业岗位培训课程的教学和实践教学方法，同时也锻炼和提高了自身的专业操作技能水平。2012 年底顺利完成了院级电子商务教学团队项目建设，2013 年在省级质量工程项目中，刁李副教授申报了电子商务教学团队立项，为建设一支知识、能力、结构合理的师资队伍奠定基础。

鼓励专业教师外出进修学习。王媛媛老师于 2013 年 8 月参加了安徽省电子商务运营管理教师培训班学习，回校后直接指导学生专业实习实训项目，2013 年 9 月代表

学院参加了全省高等院校创业指导大赛半决赛获得三等奖。2014 年 8 月，学校选派了 2 名电子商务专业教师参加了教育厅、人社厅和中华职业教育社组织的电子商务社会化媒体运营课程学习班，提高了教师教学和实践指导水平。

（三）搭建符合培养电子商务岗位能力的实践环境

2011 年至 2013 年 6 月，本系电子商务专业学生主要在东区和中校区二个校区。最近几年特别重视教学条件的改善，用于图书资料建设、实验室建设及现代教育技术等专项的建设经费充足，且近年来持续增长，使得图书资料、实验室、多媒体教学手段等基础设施与条件有了较大的改观。

在实验室建设方面，主要以现代教育中心先进电脑设备和多媒体设备为依托。2013 年，电子商务专业搬迁到西校区，获得财政振兴计划项目上百万元资金资助，在西校区建立了拥有 80 台电脑的电子商务实验室。目前电子商务实验室已经购买南京奥派信息技术公司的“电子商务应用软件”，实验涵盖内容广，有助于培养学生应用能力，并通过互联网在任何校区都可完成电子商务基本实验。

2014 年 10 月又获得财政经费 60 万元的项目资金，建设了面积 170m^2 的 O2O 线上线下商品展厅和具有 60 台电脑并配有 C2C 电子商务实战教学软件的实训室，在学生实习实训和创业能力的培养方面发挥了巨大作用。通过与厦门优优汇联信息科技有限公司、合肥联拓天际电子商务有限公司、安徽梦森科技有限公司、安徽校星物流信息有限公司等建立了长期合作关系，共同开展电子商务职业技能培训以及电子商务实战训练等方面的教学活动。

（四）大力推进教学改革，促进教学管理

特色专业建设涉及整个教学改革，而教学改革是一个系统工程，包括教学方法与手段、教学组织与管理等。我们进一步规范了教学组织和管理，改革了教学方法和手段，更新了课程教学的内容，增强了教学中的实践训练。

首先，确立了如前所述的电子商务职业岗位群，即网站建立维护以及网络编辑，网站推广、网络营销与网店运营以及客服与物流配送管理。三大岗位群如图 1 所示。以岗位（群）的需求和职业标准为依据，把握用人单位对本专业的需求，明确电子商

务专业定位和培养目标，结合对电子商务职业岗位能力的调查分析，确立了不同岗位的工作过程和任务，根据工作过程建立了电子商务专业课程体系。

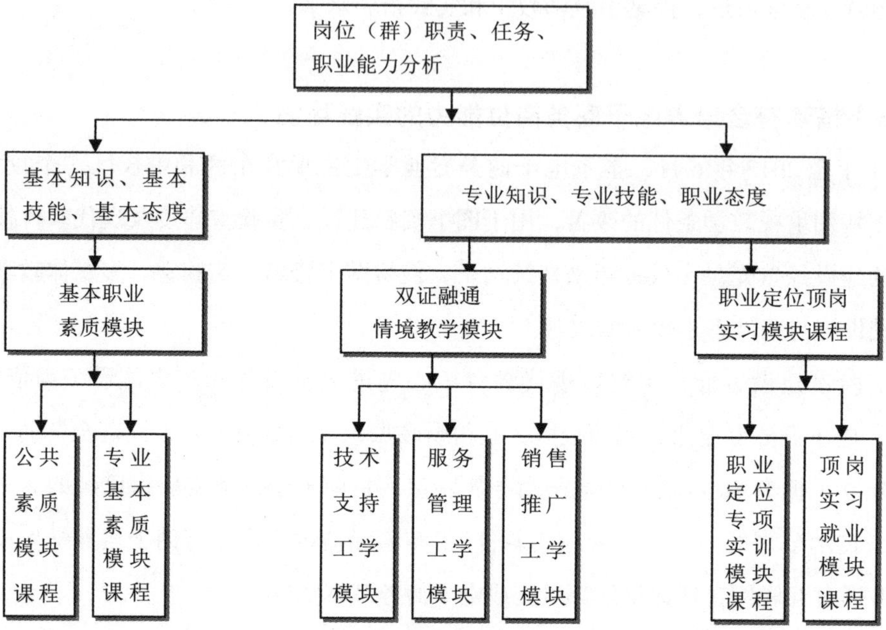

图1　电子商务岗位群分析

其次，我们在专业教学内容方面的改革主要在以下几个方面。

1. 规范教学组织和管理

教学计划的制订、实施、评价和修订都有完整的规范来保证人才培养目标的实现。每次教学计划的修订都是先到企业和其他院校进行调研，了解和掌握人才的需求和学科发展的动向，找准人才定位，确定人才的培养目标和培养规格，合理地安排教学计划，详细制订各门课程的教学大纲。在教学中严格执行教学计划和课程大纲，通过教学周历、期中教学检查、期末考试相关材料的监督和审查，保证理论教学和实验教学质量达到预期的效果。

2. 教学方法和手段的改革

根据校企合作、工学结合的人才培养模式改革要求，学习借鉴目前世界上先进的职业教育理论和经验，以电子商务任务过程为导向，构建符合电子商务专业岗位（群）要求的工作过程系统化课程体系；在课程标准中导入电子商务行业规范和岗位职业资格标准的内容，实现课程内容与职业标准的对接；植入淘宝网店运营专才培训课程，按“任务驱动、项目导向”“教、学、做”一体化等教学模式进行学习情境设计，组织教学过程，实现教学过程与工作过程的对接。2011年完成了项目化课程开发和精品课程建设并申报省级精品开放课程。

3. 注重知识的实用性和系统性

电子商务是一个迅速发展和不断变化的专业领域，同时又是一个理工与经管相交叉的复合型新兴学科。我们把电子商务理论分为电子商务经济、电子商务管理和电子商务技术以及电子商务综合等几大板块，精心选择课程以及授课的内容，注重知识的实用性，注重不同板块知识的交叉和融合，注重不同课程中知识的有效衔接。2013年调整的教学计划中，增修了网店运营、淘宝店铺装修美工等电子商务岗位能力的培养课程。

4. 实施立体化实践教学

针对电子商务专业实践性强的特点，我们在教学计划中分层次立体式对学生进行实践技能的训练。第一，在绝大部分的专业主干课和专业选修课中都安排了一定比例的实验课，进行认知性、验证性和操作性的实验，拓展和深化课堂理论教学的内容。第二，专门在第四学期末安排了一个月实践培训课程，引入淘宝大学的《网店运营专才》培训项目。结合岗位人才能力需求，训练学生的解决问题能力。第三，我们通过对专业实习、毕业实习的严格管理和指导，使实习达到预期目标。第四，鼓励和指导学生参加第二课堂活动，如参加全国电子商务大赛、全国信息技术大赛和电子商务创业就业大赛等，通过丰富多彩的第二课堂活动加深学生对社会的理解和认识，增强学生的实践意识和团结协作精神。第五，我们还经常聘请电子商务相关企业的一些富有经验的管理人员和技术人员来给学生讲课，使学生在校期间就能了解行业最新发展动态，深受学生的欢迎。

5. 鼓励学生参加职业技能鉴定，获取资格证书

以电子商务实验室为依托，鼓励和支持学生参与课外职业能力培训，参加国家电子商务师职业资格鉴定，有一大批学生通过业余时间培训学习获得了职业资格证书。通过与企业合作培训，学生职业能力和创新能力得到了锻炼和提高，增强了毕业生就业的竞争优势。2011至2012年共组织130多名学生参加人力资源和社会保障部“助理电子商务师”资格证考试，78%获得资格证书。

（五）构筑校内外实习实训基地

为了加强校企合作，建设校外实训基地，我们与上海威讯、北大青鸟、合肥联拓科技电子商务等公司和企业签订了合作协议，2011 年和 2012 年组织本专业学生共 4 个班，集中在大二下学期最后一个月在校外合作企业进行实训。

2012 年我们又与上海广阔电子有限公司、合肥达内培训机构、淘宝大学安徽管理中心合作并签订了协议，实施过程中还制订了《校外实训管理办法》。特别是在本届电子商务专业学生校外实训计划中，与淘宝大学合作引入了《网店运营专才》课程实训，电子商务专业培养商务类型人才提供了条件。以淘宝网店为依托，根据网店岗位职能的需求，对网店运营中的网络零售、职前准备、网店日常运营管理、网店工具的运用、商品拍摄与网店美化、网店推广与营销、物流与配送等淘宝商城的每个环节和步骤进行过程化培训，重点指导学生进行实践操作，大大增强了趣味性，提升了教学效果。在课程进行中，我们特别选派相关教师跟班学习，不仅要求其对课程内容引入我院人才培养模式的方式进行思考外，还要对教学方法、教学手段等改革进行研究和探讨，为人才培养模式研究提供了基础。

2013 年 9 月电子商务协会团队在合肥天隆科技信息有限公司支持下组织学生开始淘宝网店的开设、运营推广，让学生直接参与网店运营和管理，锻炼学生运营能力和推广能力。2014 年 5 月与国家电子商务产业园（合肥蜀山区）中呼叫中心产业基地、合肥联拓天际电子商务有限公司等相关电商企业合作，组织学生课外实训活动。使学生在企业不仅受到了专业技能的训练，而且对学生的职业素质以及对认识的社会等也得到了培养，也为电子商务专业毕业生提供了就业岗位。2015 年 9 月与厦门、义乌相关企业合作组织学生创业团队，走出了大学生创业的第一步。现有 2 支创业团队，都开始进行微电商运营，同时引入物流公司，提供物流企业的实习实训岗位，也为线下产品展示提供更多的机会。

（六）加强兄弟院校交流和合作

为了了解电子商务专业的学术动态，提高教师的科研能力和教学水平，开阔学生的视野，近年来我系通过“走出去”和“请进来”，积极参与社会交流。2011 年除了教育厅安排电子商务专业带头人到国外学习交流外，我们积极与省内安徽商贸职业技术学院、安徽财贸职业技术学院等高职院校电子商务专业教师相互访问交流。2012 年 7 月在中国科技大学出版社组织下，省内有关高职院校在一起共同探讨了电子商务专业的建设和教材开发问题，收到了很好的效果。

三、项目建设成果综述

（一）打造了一支“双师型”师资队伍

省级电子商务教学团队的立项为建设一支“双师型”师资队伍提供了基本保障。教师通过指导学生参加全国信息技术大赛、全国百度网络搜索营销大赛以及省级高校大学生创业指导教学大赛等获得技能水平和教学水平的进一步提高，形成了一支由电子商务省级专业带头人周伟良教授、院级教学名师王帮元副教授以及其他骨干教师、教坛新秀组成的优秀教师队伍。团队的教学科研成果丰富，近年来，在院级、省级质量工程建设项目中取得了一系列的教学成果。在教材建设、教研项目、教研论文等方面已经取得了丰富的成果。教材建设、成果、改革的情况及科研项目如表 1、表 2、表 3 和表 4 所示。

表1　教材建设情况（主要教材的使用和编写情况）

教材名称	作者	出版社	出版年	入选规划或获奖情况
《电子商务安全保密技术及应用》	梁兴琦	合肥工业大学出版社	2011年再版	安徽省规划教材
《电子商务概论与实务》	梁兴琦等	安徽大学出版社	2013年	学院科研成果二等奖
《ASP与网络数据库》	王邦元主编	安徽教育出版社	2010年	2013省级规划教材
《网店运营实务》	段文忠 王帮元	中国科学技术大学	2014年	—
《数据库原理及应用》	姜婷	南京大学出版社	2013年	省规划教材
《计算机网络安全》	姜婷副主编	南京大学出版社	2011年	—

表2　教学成果获奖情况（院级以上奖励）

项目名称	奖励名称	奖励级别	时间
周伟良等《管理信息系统》教学综合改革创新研究	教学成果奖	省级二等奖	2010年
王帮元等，安徽省职业院校技能大赛（指导教师）	高职组网页设计项目	省级三等奖	2010年
王帮元等，面向岗位能力的电子商务专业项目化课程开发与改革实践——以“网页设计与制作”课程为例	教学成果奖	院级二等奖	2011年
王帮元等，基于NET平台论文选题及指导系统的研究	教学成果奖	院级三等奖	2010年
全国电子商务沙盘模拟大赛	指导学生技能大赛	优秀奖	2011年
全国信息技术电子商务运营大赛	职业技能大赛	省级一等奖	2012年
王媛媛，省高校教师大学生创业指导大赛	教师大赛	省级三等奖	2013年
大学生创业就业职业暨规划大赛	指导学生大赛	院级三等奖	2014年
安徽省职业技能大赛计算机网络应用	指导学生大赛	省级三等奖	2015年

表3　教学改革的主要论文、著作

论文、著作题目	期刊名称、卷次/出版单位	时间
面向高职电子商务专业岗位群的课程设置研究	《电脑知识与技术》第6卷第31期	2010年11月
基于逆向工程的高职电子商务人才培养模式研究	《人力资源管理》第12期	2010年12月
“网页设计与制作”精品课程建设探索与实践	《电脑知识与技术》第6卷35期	2010年12月
高职院校学生校外实训管理	《人力资源管理》第5期	2011年5月
基于真实项目的高职教学模式改革与实践	《南昌教育学院学报》第26卷第10期	2011年10月
二分图最优匹配算法在任务驱动式教学效果分析中应用	《合肥学院学报》第22卷第1期	2012年2月
簇头优选及节点个数优化LEACH协议	《长春工业大学学报》（自然科学版）第34卷第6期	2013年12月
基于RSA加密和DS算法嵌入的DWT变换域图像隐写	《佳木斯大学学报》（自然科学版）第32卷第5期	2014年9月
《现代电子商务人才培养模式改革与管理》	中国科学技术大学出版社	2015年7月

表4　质量工程与科研项目（主要研究人员主持或参与）

项目名称	类别	研究人员	时间
高职高专省级专业带头人（2014年再次获得振兴计划支持）	省级	周伟良	2010年立项
面向岗位群的高职电子商务人才培养模式研究与实践	省级教研一般项目	王帮元、李亚平等	2014年结项
电子商务省级教学团队（2013jxtd115）	省级	刁李、姜婷、王帮元等	2013年立项
“网页设计与制作”精品课程	院级	王帮元等	结题
高职电子商务人才培养模式研究与实践研究	院级	王帮元等	结题
校企合作电子商务创业实践基地	院级	王帮元等	结题
多边界政务共享信息的动态监管研究（2013SQRW115ZD）	高校省级优秀青年基金重点项目	李亚平等	2013年立项
有限实名网络中的个人信息动态监管研究	国家社科基金项目	周伟良等	2013年立项
“互联网+”时代高职高专数据库课程教学改革研究与实践（2015jyxm738）	省级教研一般项目	姜婷、王帮元等	2015年立项
校企合作O2O电子商务创业实训中心（2015sxzx060）	省级示范实验实训中心	周自斌、王帮元等	2015年立项
在线社交网络信息对客户关系的影响（KJ2015A348）	高校自然科学研究重点项目	李旭军、王帮元等	2015年立项

（二）实践教学环境建设与改革成果显著

实践教学改革成绩显著。在 2012 年创建电子商务实习实训室的基础上，2013 年又和天猫集团合作创立了天猫校企合作实习实训基地，申报院级电子商务创业实践基地项目立项并于 2014 年结题，使学生在实践基地中进一步提升实践能力、团队合作精神和创新创业能力。

创建了校园电商 O2O（即线下体验营销到线上交易）创业孵化中心，结合我院省级电子商务特色专业建设契机，深化教育教学改革，协同深度校企合作的厦门亿储信息科技有限公司，引入品牌商真实货源，引导学生组建电商项目团队，运营真实电商项目，提高学生的实践能力、就业能力、创新能力和创业能力，革新教学模式，提升教学水平，促进电商职业教育的发展，探索出一套适合职业教育，能有效培养职业院校学生的电商专业能力、就业能力、创业能力的可实施操作方案。2015 年省级质量工程项目中获得示范实习实训中心项目立项。

（三）培养实践能力，学生自主创业能力显著提升

立足于特色专业建设，在实践过程中学生综合素质得到提高，人才培养效益明显。近三届学生四级英语平均通过率为60%，计算机二级平均通过率达75%，2009—2011届毕业生总就业率稳定在97%以上。学生参加各类职业能力培训考证，获得会计从业资格证、助理电子商务师证的人数逐年增长，学生在各种竞赛中也屡获奖。例如，参加安徽省职业技能大赛获得三等奖、获得第六届全国信息技术大赛二等奖、获得全国电子商务沙盘模拟大赛获得优秀奖等。2012年在第七届全国信息技术大赛中，我院学生获得全国二等奖1项（安徽省一等奖），获得省级二等奖4项，多个三等奖项。2013年组织学生参加全国百度网络搜索营销大赛，获得优秀奖。

2013年成立了安徽行政学院（安徽经济管理学院）电子商务协会，创办了天猫校企合作创业就业实践基地，组织学生开展创业活动，鼓励大学生在校创业，培养了大学生创新、创业意识，2013年9月25日，合肥电视台财经频道陈勋、曹智尚记者就大学生开网店采访了我院电子商务专业学生并进行报道，2014年5月17日就电商网络代购问题又一次进行了采访报道。2014年9月获得财政经费支持建设O2O电商创业实训基地，成立了2支创业团队，目前与物流公司以及相关供货企业合作开设微电商推广，效益明显。同时项目组从分析电子商务专业就业岗位群出发，以电子商务专业具体岗位为主线，在网页设计、网站管理、网站营运能力上邀请义乌电商讲师对即将毕业的学生，组织校外集中实训，开展技术讲座，以此来开展免费大学生创业培训，提高毕业生就业竞争能力，培养学生的创业意识，以创业促进和带动就业。

四、主要特色

（一）跟踪市场变化，动态构建现代电子商务人才培养方案

在专业人才的定位上，从本校的生源特点出发，改革技术服务型人才培养模式，突出对商贸流通领域电子商务专门人才的培养，即致力于商贸流通领域的信息化运用和电子商务的发展，培养能在不同行业，尤其是商贸流通行业，将科学管理与信息技术及相关学科专业知识紧密结合，同时具备较高素质的商务技能型人才。这一定位使我校学科优势得到充分发挥，并形成我校电子商务专业人才培养在办学理念与基本思

路上的特色。

在人才培养模式研究中，探索实践了“2+0.7+0.3”的培养模式，即学生在校课程压缩，提前一个月完成本专业课程学习（实际上课只有8周，约0.7个学期），剩下一个月（0.3个学期时间）与校外企业合作，集中在实训室或到校外实训，实现岗前培训教育。2011年，我们与上海威讯集团合肥分部合作，送派学生到企业免费集中培训电子商务网站设计与推广项目。2012年又与淘宝大学安徽管理中心合作，引入《网店运营专才》培训课程项目，为学生免费培训，培养学生岗位职业能力。2014年、2015年与尚亿电子商务公司以及安徽梦森科技公司签订了合作协议。动态调整人才培养方案流程如图2所示。

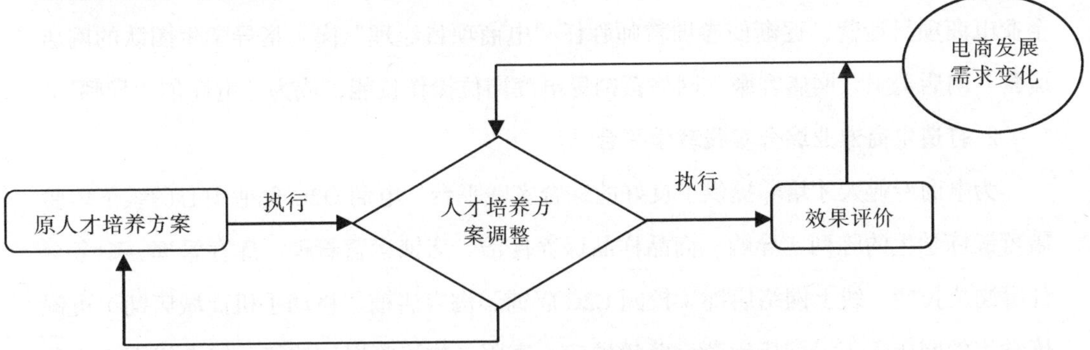

图2　动态人才培养方案调整监控机制

（二）教学改革实践过程紧贴岗位能力需求

1. 教学理念和学习观念创新

贯穿“以职业岗位工作过程为导向”“以学生为中心”“以职业能力培养为课程核心”“以双师教师为主导”“工学结合、学以致用”等先进的教学理念。倡导“开放式学习、在实践中学习、自主学习、按需学习”的新观念。

2. 课程结构和教学内容创新

课程结构“模块化”，课程模块“动态组合”，课程内容进行动态调整、持续更新。

3. 教学模式和方法创新

教学进程“层次化螺旋推进”，教学方案“标准化”，采用基于真实案例的“任务驱动型”教学方式，采用“三段教学法”改革教学模式。

4. 实践教学创新

技能训练"层次化"，实践内容"项目化"。在教学计划实施中，提出的校企合作实训教育模式，使学生了解企业，了解社会，了解工作的岗位情况，并能在实践中掌握职业岗位能力需要的实际操作技能，提高岗位就业能力。

（三）建立"校—企—企"实习实训与创业模式

1. 建设一支电商创业导师团队

结合电商O2O创业中心自身特点，建设"电商创业导师团队"。对专业教师团队实施企业电商项目实践及岗位技能培训，提高教师团队电商岗位技能水平，教师参与企业电商项目运营，逐渐使参训教师胜任"电商项目经理"岗，指导学生团队的网店运营、网店美工、网店客服、网络营销等电商岗位操作技能，成为"电商创业导师"。

2. 打造电商专业综合实践教学平台

为电商专业人才培养提供了良好的综合实践平台。电商O2O创业中心的线下体验店可锻炼学生的陈列、导购、商品样品保养保洁、店铺运营管理、库存管理、财务会计等岗位技能。线上网络店铺（校园C2C店铺、淘宝店铺、移动手机商城店铺）可锻炼学生的网店美工、网店运营、营销推广、客服、物流等岗位技能。线上线下整合营销可充分锻炼学生的活动策划、组织、营销、执行、效果评估能力。

3. 培养学生电商创业能力

创业中心的培养模式将定位为以电子商务为元素，以创业项目实施为载体，组织学生参与项目实施过程，为学生提供解决问题的环境、平台与条件，培养学生自主学习、创新思维、独立解决问题的能力和团队协作意识，不断提升学生的综合职业素养和专业素质。其创业能力训练目标如图3所示。

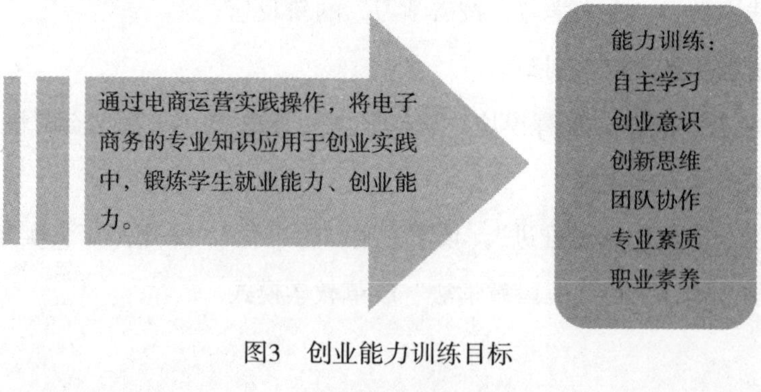

图3 创业能力训练目标

五、经验和示范作用

（一）跟踪市场人才需求，调整人才培养方案

在特色专业建设过程中，我们分析当时市场人才需求情况，2010 年对人才培养方案进行了一次调整，执行过程中发现问题，结果于 2013 年又一次进行了调整。通过对 2013 年修订执行情况的分析，其结果符合当时修订的要求，在实习实训以及校企合作上成功地走出了一条适合自身发展的路子。

随着电子商务的快速发展（特别是移动电子商务时代的到来），从 2012 级、2013 级毕业学生来看，对原修订人才培养方案中有些课程（SEO 搜索引擎优化、网络编辑实务课程）的教学效果分析后，并结合电子商务的发展，提出再次修订或适当调整教学进程表中某些课程的学时和课程设置，比如，图片处理课程课时偏少，在选修课程设置“网店美工实战”“网店数据分析”课程，还可以设置“跨境电子商务实务”相关课程，以符合现代电子商务发展的人才需求。

互联网与电子商务飞速发展，人才培养方案不可能一成不变，必须紧跟市场人才岗位能力的需求变化调整，以适应现代职业教育新常态下电子商务人才培养模式。

（二）强化实践教育，推动就业创业融合

1. 创建校企合作实践环境

电子商务作为新兴产业，处于快速发展期，技术应用日新月异，商业模式不断创新，行业分工不断细分，电子商务企业发展变化迅速。一般的校企合作是基于单个企业与学校之前签订的合作协议。企业发展方向的不确定性、企业成长发展速度的不确定性、企业在行业细分市场里的调整等都影响校企合作的持续、稳定、高效、科学地执行。

我院联合众多电子商务企业、知名品牌供应商等多方单位，创立“校—企—企”合作模式。即由电子商务企业——厦门亿储信息科技有限公司牵头，组织安踏、特步、乔丹、七匹郎、格男仕、木林森、鸿星尔克、贝踏、范特华特、361°、荣事达、安泰迪、海福盛、花花公子等众多知名品牌，支持学校创业孵化中心的运营，促进学校

专业学科的建设发展。

“校—企—企”合作模式中品牌商为学校电商实践、创业的师生提供产品货源、产品知识的培训、电商相关讲座以及企业的实习、就业岗位。同时，品牌商也获得产品宣传、展示的机会，提升品牌美誉度并获得产品新的销售渠道和销售额。另外，“校—企—企”合作模式中电商企业组建众多企业为学校学科建设发展服务，提供电商运营指导、电子商务专业教师的企业经验导入，也获得产品销售的中间利润及品牌展示的广告费用。而学校在“校—企—企”合作模式中建立了良好的校企合作环境，营造良好的学生实践、创业的环境，鼓励更多的学生参与电商实战，在实战中锻炼、成长。学校获得众多的企业合作方，获得行业、企业最新、最实用的电商经验，获得众多实战锻炼、实习、就业的机会，紧密贴合行业发展，显著提升专业建设水平。

通过电商 O2O 创业孵化中心的经营过程，结合地域特点不断寻找合适的校企合作项目，打造学生综合性专业实践平台，建设教师教研试验点，构建学生就业和创业绿色通道。“信息技术、商务管理、实践平台”三者融合的电商人才培养新模式，为企业和社会提供具备电子商务项目实战经验的技能型人才、创业型人才，创业能力培养步骤如图 4 所示。

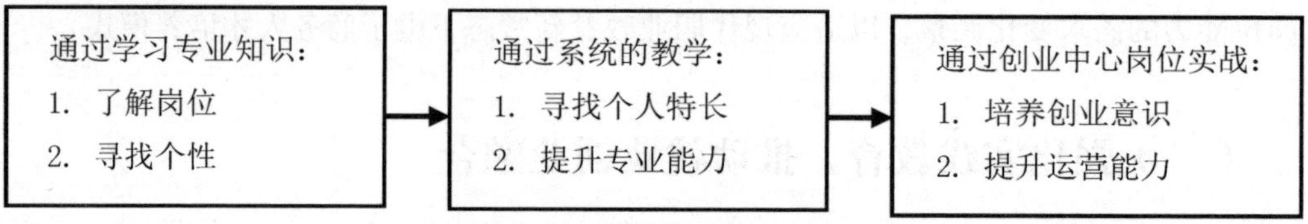

图4　创业能力培养步骤

2. 建立就业创业项目与职业能力的融合的保障措施

成立电商 O2O 创业中心管理组，负责中心的日常管理、协调工作。创业中心管理组成员由学校领导、电商专业教师、企业的电商运营主管组成。管理组负责创业中心各电商项目的具体实施工作，制订可执行的实施方案和建设计划，完善采购制度、项目工程实施的监控制度，制订配套的电商 O2O 创业中心岗位规范、岗位操作手册、创业指导手册等。

在技术上聘请了尚亿电子商务有限公司、安徽梦森科技有限公司专业电商讲师，为实施企业电商项目实践、岗位技能培训等提供技术保障，大大提高了就业创业团队的岗位操作能力。同时，品牌供货商不定期的针对经营其商品的学生创业团队培训产品知识、网店运营、流量引导、价格与促销策略等，协助学生店铺销售额的提升。企业提供样品展示、商品数据包、一件代发服务。样品展示解决O2O创业中心体验展示问题，将线下流量引导到线上，辅助学生团队执行校园推广活动。商品数据包为学生店铺开设提高效率。一件代发服务解决学生库存仓储、资金压力问题。

2015年成功申报电子商务校企合作省级实训示范中心，引入企业到校开展电子商务创业实践活动，同时引入物流企业，带动和帮助学生在电子商务物流快递职业能力方面的培养。

六、目前存在的不足

（一）存在的主要之处

1. 缺乏有较大影响力的专业领军人物

目前教师总体学历较高，职称结构也比较合理，但队伍总体还比较年轻，教学经验还不够丰富，缺少具有专业领军人物。加上校内机构调整人员变动，不利于专心研究。

2. 教学研究的水平还有待进一步提高

教学研究成果的层次还偏低，国家级和省级的优秀教学成果数量较少。

3. 教材建设的力度需要进一步加强

虽然编写了几本教材，但省级以上规划教材还偏少。实验课还主要依赖教师自主安排教材，规范性有待进一步提高。

4. 校企合作需要进一步拓展和稳定

现在与达内集团、安徽梦森科技有限公司等合作还局限在学生的免费培训学习活动，与企业真正的合作办学尚未进入专业性的实施阶段，与岗前就业技能匹配不够。

（二）项目完成后仍需采取措施

（1）加大教材建设的力度。加强对建材建设的组织和领导，鼓励和支持教师编写高质量的专业教材，确保目前正在与中国科学技术大学出版社合作编写的系列教材完成并出版。积极争取省级以上规划教材立项，建设系列规划教材。

（2）深化校区合作，推进与电子商务合作办学的进程。聘请更多的企业名师为电子商务专业的兼职教师。积极争取学校的支持，采取与企业合作建设电子商务专业，共同制订人才培养方案，合作编写教材，互派教师授课，共同开展教学研究，培养具有一线岗位技能的电子商务人才。

（3）建设特色专业成果展示网站。

安徽经济管理干部学院质量工程项目
项目类别：校企合作实践教育基地
项目名称：校企合作电子商务创业实践基地
项目负责人：王邦元
建设周期：2013—2014年

校企合作电子商务创业实践基地建设项目结项报告*

一、项目建设目标

（一）总体目标

培养具有创新创业意识，具有较强实际动手能力和职业能力的技术型、应用型人才，突出教学过程中的学生自主地位，以创新创业激发学生学习积极性。建设校内具有实战经验的师资队伍，指导学生实践教学。以社会需求为导向，以创新创业意识与能力培养为主旨，以职业技能培养为中心，构建科学的、可持续发展的创新、创业实践体系。把以电子商务创新创业实践为核心的实训基地建设成为以电子商务专业为核心的创意、创新、创业实践基地；建设成为职业教育技能型人才培训示范基地、企业员工岗位培训基地、职业资格与技术能力等级认证培训基地；成为与企业相结合的产学研一体化，具有高职特色的示范性实践教学基地。

（二）具体目标

（1）根据我省中、小企业对电子商务人才的需求，通过与淘宝大学安徽管理中心、南京奥派信息产业股份、百度营销企业等企业合作，开展以创新创业为主要形式的人才培养模式改革，构建起以电子商务创新创业、网络营销工作过程为导向的实践课程体系。

（2）形成一支由学院专任教师和企业资深员工组成的专兼结合的教学团队。通过人员双向交流，教师到校企合作公司实践，全程参与公司业务运营和学生的教学与管理。聘请企业经验丰富的实践专家来学院兼课任课，当好实训实习指导教师并参与监

* 安徽经济管理干部学院2013年质量工程项目：校企合作电子商务创业实践基地建设。

督管理，促进“双师”教学团队整体素质的提升。

（3）搭建校园电子商务平台合作，建立与完善全真工作环境的电子商务创新创业实践基地。通过该平台进行大学生创业实践活动，开展网络商务、网络服务等创业实体。

（4）面向社会，逐步开展助理电子商务师、网店运营专才培训，组织职业资格技能鉴定，推行“双证”教育，让学生在取得毕业证的同时按条件取得职业技能证书。

二、建设情况综述

（一）寻求电商企业建立合作的动力机制

在校企合作系统中，企业、学校和学生是三大主体，他们是互为资源要素供求的利益主体。企业需要学校提供良好的人力资源供给以实现其经济利益。学生需要实用、熟练的岗位技能以实现有效就业，学校需要发展务实的教育、科研体系，实现学校建设的可持续发展。学校和企业之间必定互补互促、互惠互利，真正实现共同受益，这是校内创业实践基地良性运作的动力源泉。

（1）在与南京奥派信息科技公司合作过程中，购置了电子商务实践软件进行教学实践活动。

（2）与浙江天猫供应链集团公司企业合作，签订协议书，按照其要求建立了符合学生创业实践活动的环境。

（3）与合肥韵达快递公司合作签订协议，支持学生创业活动中物流过程。

（4）厦门优优汇联信息公司合作共建 O2O 创业实践基地（招标建设中）。

（5）组织学生到合肥（蜀山）国际电子商务产业园参观实习。

（二）组建创业团队，建立团队运行机制

校内电商创业实践基地建设必须坚持市场化运作原则。实现建设主体多元化和筹资方式多样化，由学校、行业企业共同作为建设主体，通过企业提供指导师资、学校提供场地和政策性支持等进行共建共享，在学校监督下开展学校和企业的统一管理、实现各方合作目标。

（1）2013 年 11 月 12 日，经院团委审批成立了安徽行政学院（安徽经济管理干部

学院），电子商务协会，重点开展知识讲座，组织学生参加各类电子商务运营、创业等技能大赛等。同时在校内 B 楼 403 实验室和 A 楼 104 室建立了电子商务创业实训室，学生自主管理开设淘宝网店，组织运营管理和推广。2013 年 5 月 11 日和 2014 年 10 月 17 日合肥电视台财经频道来我院就大学生开网店情况分别进行了采访报道。

（2）2014 年 3 月和合肥天隆信息科技公司合作，企业投资部分设备（摄影棚设备），在淘宝网成立公司经营银首饰、服装等产品，帮助学生开店，指导学生处理图片和营销活动。

（3）2014 年 11 月开始，电子商务协会组织策划建立了校园二手物品交易市场，12 月初收集可交换物品，目前已达成交易额 820 多元。逐步开设校园网络交易平台，充分发挥电子商务交易与运营特色，培养学生电子商务运营能力。

（三）构建创业实践课程体系，修订人才培养方案

以岗位（群）的需要和职业标准为依据，把握用人单位对本专业的需求，明确电子商务专业定位和培养目标，探索我院电子商务专业人才培养模式。我们在实践中，考虑到电子商务专业的职业岗位操作特点，设置课程时要考虑知识的衔接性、能力的渐进性。

在与企业合作中，由于学生实际岗位任务性操作能力较弱，所以特别强调企业在理论指导上对学生要求不要太高，只要注重应用基础知识讲解即可。因此，学生到实践基地，企业培训内容只需强化项目性任务操作能力，强化实际岗位操作技能，不必强化理论。我们结合专业特点和企业共同制订了指导学生实践内容和工作任务的培养方案。

（四）互补学习促进“双师型”教学团队建设

“双师型”教师队伍建设是提高高等职业教育质量的保障，目前多数高职院校“双师型”教师非常紧缺，教师通常理论知识丰富而实践能力较弱。教师在实践基地与企业员工一起指导同学实践操作，不仅可以完成自己的理论走向实践，也可以使实践检验自己的理论构想，促进了教师工作技能的提升。通过人员双向交流，教师到校企合作公司指导实践，全程参与公司业务运营和学生的教学与管理；同时也聘请企业经验

丰富的实践人员在学生中传授技术，通过互补学习提高学校教师实践能力，促进“双师型”教学团队整体素质的提升。

（1）2013 年在省级质量工程项目中，教务处刁李处长负责在省质量工程项目中申报省级电子商务教学团队立项，为建设一支知识、能力结构合理的师资队伍奠定基础。

（2）2013 年 8 月选送王媛媛老师参加了安徽省电子商务运营管理教师培训班学习，通过电子商务专业教师的实践操作技能培训提高教师队伍的实践指导水平。2013 年 12 月 19 日至 21 日，信息工程系省级电子商务特色专业负责人王邦元副教授带领年轻专业教师王媛媛老师前往南京，参加了 2013 年全国高校电子商务案例教学研讨会。2014 年 8 月 22 日王邦元老师和王媛媛老师参加安徽省电子商务社会化媒体运营培训班，获得培训证书，提高了教学实践指导水平。

（五）开展职业技能培训与大赛，推进“双证”教育

创业实践基地利用企业的优势及我院相关专业的师资力量，积极开展职业技能鉴定和培养学生网店运营的专项能力，在专业建设中做好专业课程内容和职业标准的衔接，统筹兼顾积极推进“双证”建设，让学生在取得毕业证的同时按条件取得职业资格证书与职业技能证书，并推荐工作，大大提升了该专业学生的就业竞争力。

（1）2013 年和 2014 年参加人力资源和社会保障部助理电子商务师职业资格培训认证的学生占同届专业学生的 75% 以上，获得认证资格人数超过 80%。

（2）2013 年 6 月，王邦元、林勇指导李海东等团队参加学院职业规划暨创业大赛获得二等奖。2014 年 11 月组织学生参加了第二届全国大学生“特步杯”电子商务实战大赛，正在准备决赛。王邦元老师被推选为本次全国决赛评委。

（3）2013 年 11 月，王邦元老师指导张君、苌灵枝等 4 人团队参加全国高校百度网络搜索营销团体大赛，在团体赛中，与东北林业大学、湖南师范大学、广东外语外贸大学等高校同台竞技，获得优秀奖。此次大赛提高了学生对专业知识的学习兴趣，培养了学生团队合作精神和分析解决实际问题的能力，进一步提高了毕业生就业竞争能力。

综合上述，在校企合作电子商务创业实践基地建设过程中，逐步打造全真实训环

境，引导学生以业务需求为导向搭建团队构架，开展创业就业实践。实践基地根据实际工作环境建设，通过学生自愿报名和学校选拔相结合，采用总经理负责制，组建项目团队，以企业化运作，服务于“工学结合”人才培养模式。实现在校“顶岗实习”，零距离地进行创业实践，掌握跨入社会创业就业所需的各项技能。

创业基地通过企业化运作，提供勤工俭学工作岗位，开展创业就业技能竞赛，帮助学生进行校内创业实践。在校内的实践基地中，企业经营和学校教学有机结合，真正做到经营场所向实验实训场所转变、学生向学徒转变、指导师傅向专业教师转变、企业运营工作过程向任务驱动教学转变。同时，实现了学生课堂课后作业与实践工作任务的统一，教学与科研的统一，学校育人与企业业务经营的统一。

三、项目建设成果综述

项目建设成果如表 1 所示。

表1　项目建设成果

序号	成果名称	成果形式	作者	成果形式为教材的请注明出版社；成果形式为论文的请注明发表的期刊名称等
1	面向高职电子商务专业岗位群的课程设置研究	论文	李亚平，王邦元	《电脑知识与技术》2010年第6卷31期
2	基于逆向工程的高职电子商务人才培养模式研究	论文	王邦元	《人力资源管理》2010年 第51期
3	“网页设计与制作”精品课程建设探索与实践	论文	王邦元	《电脑知识与技术》2010年第6卷第35期
4	高职院校学生校外实训管理	论文	何柏林 王邦元	《人力资源管理》2011年第5期
5	基于真实项目的高职教学模式改革与实践	论文	王邦元	《南昌教育学院学报》2011年第26卷第10期
6	二分图最优匹配算法在任务驱动式教学效果分析中应用	论文	王邦元	《合肥学院学报》2012年第22卷第1期

续表

序号	成果名称	成果形式	作者	成果形式为教材的请注明出版社；成果形式为论文的请注明发表的期刊名称等
7	基于校园网平台的教学过程质量监管研究	论文	李亚平	《九江学院学报（自然科学版）》2014年第4期
8	UCONabc模型中的委托授权方案研究	论文	李亚平，周伟良	中国科学技术大学学报2012年第42卷第2期
9	高职教育校企合作教学模式研究	院级重点项目	刁李	已结项
10	面向岗位群的电子商务专业人才培养模式研究与实践	省级教研项目	王邦元	已结项
11	电子商务教学团队建设项目	省级	刁李	在建中
12	“网页设计与制作”精品课程	院级	王邦元	已结项
13	多边界政务共享信息的动态监管研究	省教育厅	李亚平	在研
14	基于UCON模型的网络版权保护研究	院级	李亚平	在研
15	《电子商务概论与实务》	教材	梁兴琦，李亚平等	南京大学出版社，2013年4月
16	《ASP与网络数据库》	教材	王邦元	安徽教育出版社，2010年4月
17	《网店运营实务》	教材	王邦元	中国科大出版社，2014年1月
18	《SQL SERVER数据库应用》	教材	姜婷	南京大学出版社，2008年9月
19	《电子商务安全保密技术及应用》	教材	梁兴琦	合肥工业大学出版，2006年11月

四、主要特色

（一）建立了与企业“互赢”合作的长效机制

2013 年 12 月与天猫集团合作创立了天猫校企合作实习实训基地，12 月底与韵达快递、圆通快递公司签订协议建立校企合作关系，运行天猫小邮局管理软件，构建真实环境为学生创建实践实习的机会。

（二）形成校企“互赢”培训指导教育模式

由于校内教师实践创业能力达不到企业运营人员水平，实践指导操作能力还有待提高。2014 年初我们继续寻找合作企业，与合肥天隆信息科技公司合作，学校提供场地和相关设备，该企业也投资部分设备（简易摄影棚），在淘宝网成立公司经营银首饰、服装等产品，帮助学生开店，指导学生实践活动。同时在母亲节那天企业组织创业团队开展了线下推广活动，通过实践活动使得学生学习电子商务专业知识的兴趣更高，参加创业活动的信心倍增。学院领导纪委书记童玲考察指导电子商务创业实践基地，并对信息工程系利用专业优势建设电商平台，进行教学实践和运营实践表示充分肯定，如图 1 所示。

图1　学院纪委书记童玲考察指导电子商务创业实践基地

（三）定期培训专业教师以提升实践指导能力

为建设一支知识、能力、结构合理的师资队伍，2013 年 8 月选派电子商务专业王媛媛老师参加电子商务运营管理教师培训班学习，回校后直接指导学生专业实习实训项目。2013 年 10 月 20 日，在安徽医科大学进行的首届安徽省高校创业指导课程教学大赛半决赛中，王媛媛老师获得三等奖。2014 年 8 月王帮元、王媛媛老师参加由教育厅、人社厅和安徽中华职教社组织的电子商务社会化媒体运营课程培训，通过考核发证。通过校外学习培训，增强了专业教师的实践指导能力如图 2 所示。

荣誉证书
HONORARY CREDENTIAL
王媛媛同志：
在首届安徽省高校创业指导课程教学大赛中荣获三等奖。
特发此证，以资鼓励。
安徽省教育厅
二〇一三年十一月

图2　安徽省创业指导大赛获三等奖

（四）开展多种形式技能大赛培养学生职业能力

2013 年 11 月，百度全国高校网络搜索营销大赛分个人赛和团体赛，我们组织了大二学生参加了个人赛，并通过选拔组建了一支安徽行政学院（安徽经济管理干部学院）团队参加比赛，与全国 300 对所高校（包括本科高校在内）团队对弈，获得了团体优秀奖。2013 年 6 月在信息工程系大力支持下，王帮元等老师指导学生参加学院第六届职业规划设计暨创业大赛获得创业组二等奖成绩，如图 3 所示。

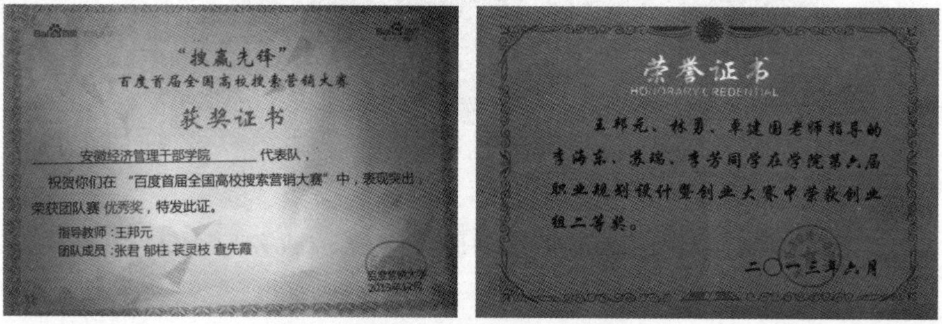
"搜赢先锋"
百度首届全国高校搜索营销大赛
获奖证书
安徽经济管理干部学院 代表队，
祝贺你们在"百度首届全国高校搜索营销大赛"中，表现突出，荣获团队赛 优秀奖，特发此证。
指导教师：王邦元
团队成员：张君 郁柱 苌灵枝 查先霞
百度营销大学
2013年12月

荣誉证书
HONORARY CREDENTIAL
王邦元、林勇、卓建国老师指导的李海东、张瑞、李芳同学在学院第六届职业规划设计暨创业大赛中荣获创业组二等奖。
二〇一三年六月

图3　指导学生参加大赛获奖证书

（五）培训职业技能，推行“双证”教育

2013 年 69 人参加人力资源和社会保障部“助理电子商务师”考证，78% 获得资格证书；2014 年 51 人参加培训考证，80% 合格获得证书。通过国家职业资格培训使该专业学生的电子商务岗位、职业素质得到加强，以“双证”毕业，如图 4 所示。

图4　学生获得国家职业资格证书

五、经验和示范作用

（1）建立了多家企业“互赢”的校企合作机制。在校内实训基地内，企业运营和学校教学有机结合，真正做到四个转变，即经营场所向实验实训场所转变、学生向学徒转变、指导师傅向专业教师转变、企业工作过程向任务驱动教学转变。做到教学与科研合一、育人与业务经营合一。

（2）在校园内组建创业团队，培养学生自主创业能力。开展多种活动，比赛吸引电商学生积极参与，由专业老师指导学生参与实习实训。

（3）推进“双证”教育，提高职业教育吸引力。学校加强实训基地的管理，注重提高学生的专业技能，让学生毕业时拥有一技之长，这样大大增加了职业教育的吸引力。在专业建设中做好专业课程内容和职业标准的衔接，统筹兼顾积极推进“双证”建设，提高该专业学生的就业竞争力。这不但为学校取得了良好的经济效益，而且也取得了很大的社会效益。2013 年和 2014 年在学院招生任务中，电子商务专业报考人数与录取报到人数超出计划范围，具有一定的社会影响力。

六、目前存在的不足

（1）引入企业指导型实习实训时，寻求的电商企业太少。有限企业经过几年合作可能转型，不再接收学生实习，造成合作中断。

（2）组织学生参与创业实践活动的积极性还不高，难以直接参与创业活动。应该在教学过程中加强与创业活动相关的知识和技能训练，以提高大学生创业实践信心和能力。

（3）实习实训基地建设中，还存在场地不够、机器设备基本够用的问题，现在正在省财政项目招标建设中，有待明年解决。

（4）校内指导老师经验不足。

（5）实习实训管理制度有待健全。

高等学校质量工程项目进展报告
项目类别：示范实验实训中心
项目名称：校企合作O2O电子商务创业实训中心
项目负责人：周自斌
建设周期：2015—2018年

省级校企合作O2O电子商务创业实训中心项目进展报告*

一、项目建设目标

为了深度开展校企合作，建设省级示范实验实训中心，更好地服务全省电子商务企业，电子商务创业实训中心的建设总体目标是通过校企双方共建专业，深化校内实践教学改革，规范实训中心管理，构建高效管理模式；健全实践教学管理制度，保障实践教学质量；加强校企双方师资队伍建设，提高实践教学指导水平；共同开发实训教程，提升实践教学效果；建立实训中心的团队运营激励制度，促进实训中心可持续发展；打造实践教学示范实训中心品牌，提升社会服务功能。

（1）由校企双方共同组建实训中心组织管理机构，由双方单位主要领导担任实践中心的负责人，与合作企业商讨确定实训中心建设目标和建设内容，共同制订电子商务专业实践教学的目标和培养方案。

（2）校企双方共同制订人才培养目标，探索建立可持续发展的管理模式和运行机制。建立健全实训中心的教学运行、学生管理、安全保障等规章制度。

（3）共同组建一只专业理论知识扎实、岗位实践经验丰富的实践教学师资队伍。定期组织相关的学习、交流和培训，不断提高教师队伍的实践教育教学能力和整体水平。

（4）联合构建实践教学内容，实施实践教学过程，促使整个实践教学过程高效有序，突出教学成果。校企双方共同组织实施电子商务专业实践教学的培养全过程，改革实践教育考核评价方法。

（5）发挥企业作用，在移动电子商务发展前景下，多方位创业（包括微电商），培养O2O电商专业创新创业团队，引导学院电子商务专业学生走创新创业之路。

* 安徽省2015年质量工程项目：校企合作O2O电子商务创业示范实训中心建设。

二、前期建设情况

（一）深入调研，寻求校企合作可发展性

2017—2018 年项目组成员组织相关人员到南京、义乌工商职业学院、安徽工商职业学院、安徽国际商务学院等相关企业和高校调研，并通过参加全国电子商务相关教学研讨会，分析市场人才需求，积极与安徽梦森科技有限公司、合肥天盛网络科技有限公司合作，不断改革实验教学内容，重视基础型实战，结合当代企业的人才需求以及学校的教学现状，修订实训（实验）教学大纲，利用优秀课程资源，补充和完善实训项目，更新实训内容。

（二）改革实践教学，完成人才培养方案修订

2016 年 7 月完成了电子商务人才培养方案的修订，并上报教务处实施执行。重点加强实践教学课程改革。在 2016 年 7 月完成的电子商务人才培养方案基础上，2018 年 6 月 12 日修订新一届电子商务人才培养方案，开设“网店美工”“网店客服”“商务数据分析”“移动电子商务基础”“跨境电子商务基础”课程，重点加强实践教学课程改革。以知识传授、能力培养、素质提高协调发展的教育理念为基础，构建以学生能力培养为核心，加强学生实践能力、创新能力和工程实践的实验教学体系。将电子商务实战引入实训（实验）教学，以实验项目推动实训室建设，实现网络营销实训、电子商务概论实训、网店客服和网店美工实训。

（三）改革实训课程内容，培养师资队伍实践指导能力

建设专兼职结合的“基础实验层、提高设计层、综合应用层、创业活动层 ”4 个层次的实验实训教学队伍。电子商务现有在校学生 436 人，2016 年招生录取 210 名学生，其主要学习的核心课程包括《网络营销与策划》《网页设计与制作》《Photoshop 图像处理技术》《网店运营实务》《电子商务物流》《搜索引擎优化》等。80% 以上实践教学课时（含学徒式实践、顶岗实践、轮岗实践等实践教学形式）在实训（实验）中心完成，实践教学计划接纳 800 人次的实践教学任务。通过学生的实训指导和企业培训，锻炼培养教师实践教学指导能力，逐步完成“双师型”队伍建设。

（四）明确了校企双方职责和任务

由系部主任代表学校与对方企业高层共同探讨发展方向，提供宏观资源、支持和指导，与安徽梦森科技有限公司签订建设协议，学院方面的实际管理工作由电子商务教研室和教学办承担，负责制订实训中心和校企合作的大政方针，审批具体的活动规划，如完成教学计划、实习考核方案、相关课程开发等。系实训中心在系领导的指挥下，协调专业实践课程的开展，对整体时间进行把握，制订管理制度，共同监督课程和实践开展情况。以专业负责人为主要实施人，负责具体课程和学生考核制度、管理制度（含实习管理）的制订，协调具体工作。派驻专业指导教师授课，并负责日常学生管理、学生辅导、学生考核等与商品供给方沟通协调。在校内实训中心内，将企业运营和学校教学有机结合，完成实训中心的硬件和软件建设，构建创业实训信息化环境平台；建立与多家企业合作的“互赢”模式，寻求产品、运营创新合作模式，引入企业岗位能力培训教育方式。

（五）建设管理保障制度

为了实现规范管理，创业实训中心建立了相关的管理制度，同时建立了《设备使用登记制度》《设备故障维护管理制度》《创业基地运营管理制度》以及《实训室团队负责人职责》等规章制度并上墙。

（六）坚持“培育团队，孵化创业”，培养学生创新创业能力

建立创业实习实训中心必须引导更多的电商专业学生积极参与，培育了一支7人组成的宜兴紫砂壶运营团队，现在已经发展到34人的微电商大团队，由企业指导老师免费培训，学生自主管理运营。专业老师指导学生实战营销活动，培养学生电子商务运营能力，同时组织学生参加各类职业技能大赛，取得了满意的成绩。

（七）依托财政支持的创业实训基地项目建设课程资源

创业实习实训中心必须引导更多的电商专业学生积极参与，但是需要利用优秀的课程共享资源结合云平台支撑实训中心项目开展。2017年9月全程电子商务创业实训基地项目获得省财政厅和教育厅支持，一期建设项目通过专家论证、省采招标已经在

建设中，二期建设项目也在紧锣密鼓论证招标中。依托该项目并统筹考虑电子商务专业发展，采购人才培养方案中计划开设的相关课程资源，利用微课程、云平台和教学实训平台进行专业实习实训，将会获得更好的实训效果。

三、现状及存在的主要问题

（一）实训室达不到实现电商实训项目的完全充分利用

（1）主要原因是电子商务专业招生规模扩大，该专业在校学生达到436人，但只有一个电子商务实训室，所开设的实训课程和实训内容分布在不同年级，实训软件安装在60台电脑的实训室。对专门运营的团队不能连续开放。

（2）解决对策为扩大面积，添加设备，拓宽网络出口。

（二）指导教师缺乏

（1）原因是学院内电子商务专业教师偏向计算机应用和网络应用方向。自己直接进行电子商务运营的经验不够，只是按照书本教学。

（2）解决对策为安排教师参与指导学习，委派教师外出培训等增强教师实践指导能力。

（三）管理模式不够健全

（1）主要因为引入企业成立时间短，虽然企业指导老师实践运营能力很强，但是总体建立学生团队运营的管理模式还需进一步完善。

（2）解决对策为加强学生团队管理，健全运营管理、经营管理、安全管理等科学模式。

四、阶段性成果

（一）校企深度合作，建立“理一实”一体实训室模式

通过引入企业到校入驻，使更多的学生在校期间边上课，边实习实训，学习技能，通过合作企业培训团队，逐步孵化创业，达到与企业深度合作的目的，不仅仅是挂牌子的形式。实验实训中心安装有C2C实战教学软件、数据库管理软件、网页设计软件、图形图像处理软件等，电子商务专业所有学生（436人）完成了校内实践教学

课程的实验实训任务。

（二）线下免费培育产品文化，增强撰写微商产品软文的能力

目前，参与宜紫砂微商运营团队有34人，不收任何费用，免费培训，学生还可获得几千元的月收入。宜兴紫砂壶校园O2O电商运营项目由2016届学生谢从容、徐佩、郑海燕、任晓敏四位同学发起，与宜兴紫砂壶电商品牌“蜀工坊”对接，同多位宜兴紫砂艺人合作，其中有国家级工艺美术师（庄永忠老师）和国家高级工艺美术师（申屠国洪老师），把传统文化紫砂壶手工技艺（中国非物质文化遗产）的学习和“互联网+”营销相结合，实现了校园O2O电商完美闭环，真正实现了大学生在校创业就业的目标。

（三）学生按能力搭配自组运营团队，实现企业化管理模式

在系相关负责人的支持下，企业为在校各个年级的电子商务专业学生进行微商运营知识讲座，选拔感兴趣、有信心、有基本运营能力的学生参加培训学习，加入宜紫砂运营团队。合理安排团队人员，负责不同岗位业务。实行多劳多得、绩效奖励制度，形成有效激励机制，鼓励学生积极工作。实现考勤、运营推广、售后服务、物流服务等环节的企业化管理模式，培养学生团队合作能力和交流协作能力。

（四）实训中心实训利用率高，效果良好

通过分析2016—2018年四个学期的数据统计，对实训班级、参训人次、实训课程和参加实训专业来看效果良好，如表1，表2，图1，图2，图3，图4，图5和图6所示。

表1　2017—2018年第一学期实训中心使用情况

序号	班级	专业	实训课程	课时	实训效果	实训指导老师
1	160501	电子商务	Access数据库	24	良好	姜婷
2	160502	电子商务	Access数据库	24	良好	姜婷
3	160503	电子商务	Access数据库	24	良好	姜婷
4	160504	电子商务	Access数据库	24	良好	姜婷
5	160501	电子商务	市场调查与预测	16	良好	陈庆录
6	160502	电子商务	市场调查与预测	16	良好	陈庆录
7	160503	电子商务	市场调查与预测	16	良好	王媛媛
8	160504	电子商务	市场调查与预测	16	良好	王媛媛
9	160501	电子商务	网页设计	24	良好	李二涛
10	160502	电子商务	网页设计	24	良好	李二涛
11	160503	电子商务	网页设计	24	良好	张萍
12	160504	电子商务	网页设计	24	良好	张萍
13	160501	电子商务	网络营销与策划	16	良好	周自斌
14	160502	电子商务	网络营销与策划	16	良好	周自斌
15	160503	电子商务	网络营销与策划	16	良好	周自斌
16	160504	电子商务	网络营销与策划	16	良好	周自斌
17	160509	物联网应用技术	Photoshop基础	56	良好	张萍
18	160509	物联网应用技术	网页设计与制作	56	良好	王帮元
19	150510	物联网应用技术	HTML5移动开发应用	48	良好	王帮元

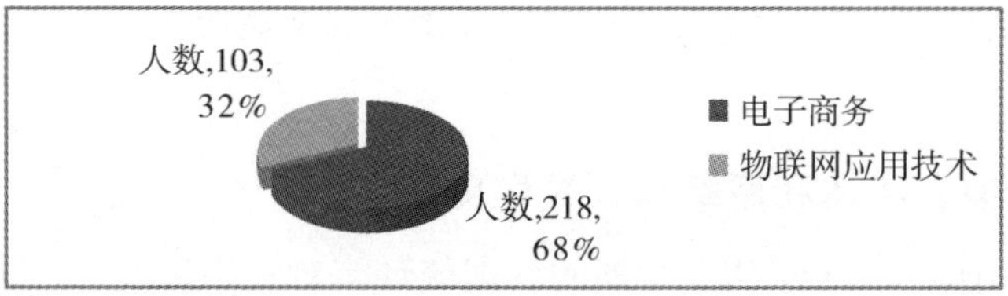

图1　2017—2018 年第一学期实训中心各专业实训人数

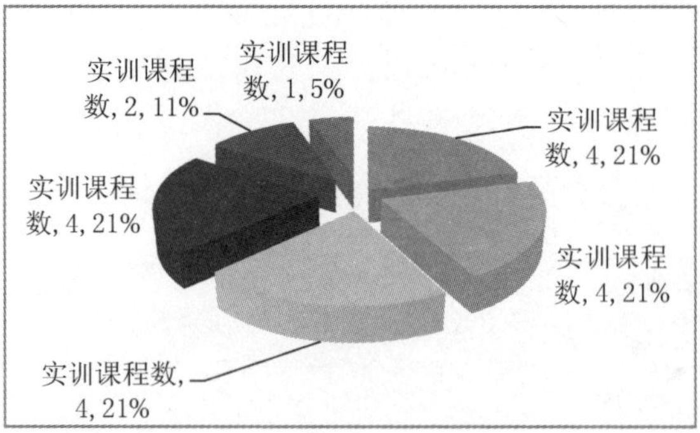

图2　2017—2018 年第一学期实训中心各班级实训课程数

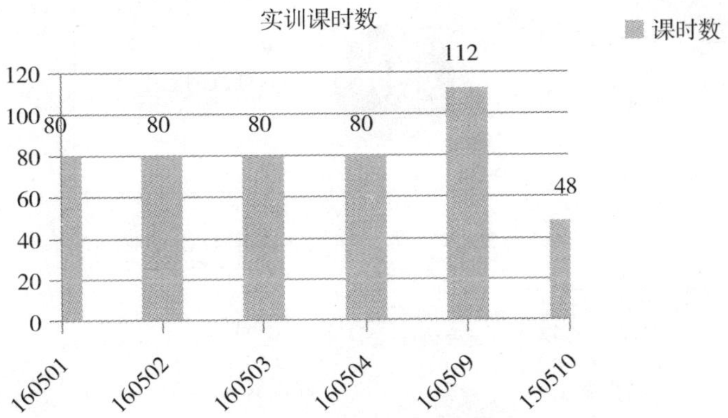

图 3　2017—2018 第一学期实训中心各班实训课时数

表2　2017—2018 年第二学期实训中心使用情况

序号	班级	专业	实训课程	课时	实训效果	实训指导老师
1	160501	电子商务	移动商务基础	18	良好	汤道云
2	160501	电子商务	网店运营与管理	56	良好	吴捷
3	160501	电子商务	电子商务物流管理	12	良好	姜婷
4	160501	电子商务	网络广告设计	24	良好	王帮元
5	160501	电子商务	专业综合实训	64	良好	—
6	160502	电子商务	移动商务基础	18	良好	汤道云
7	160502	电子商务	网店运营与管理	24	良好	王媛媛
8	160502	电子商务	电子商务物流管理	12	良好	姜婷
9	160502	电子商务	网络广告设计	24	良好	王帮元
10	160502	电子商务	专业综合实训	64	良好	—
11	160503	电子商务	移动商务基础	18	良好	陈庆录
12	160503	电子商务	网店运营与管理	24	良好	王媛媛
13	160503	电子商务	电子商务物流管理	12	良好	李二涛
14	160503	电子商务	网络广告设计	24	良好	张萍
15	160503	电子商务	专业综合实训	64	良好	—
16	160504	电子商务	移动商务基础	18	良好	陈庆录
17	160504	电子商务	网店运营与管理	24	良好	王媛媛
18	160504	电子商务	电子商务物流管理	12	良好	李二涛
19	160504	电子商务	网络广告设计	24	良好	张萍
20	160504	电子商务	专业综合实训	64	良好	—
21	160509	物联网应用技术	Android程序基础	56	良好	凌勇
22	170503	电子商务	Photoshop基础	60	良好	张萍
23	170504	电子商务	Photoshop基础	60	良好	张萍

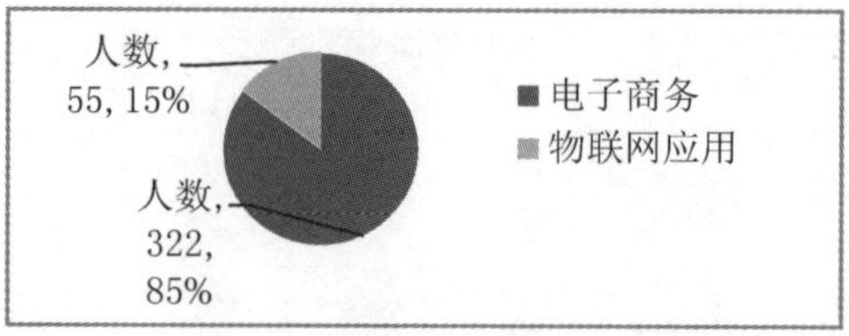

图 4　2017—2018 年第二学期实训中心各专业实训人数

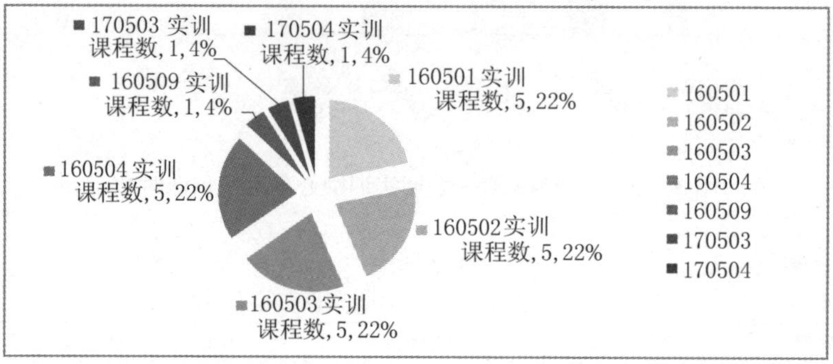

图 5　2017—2018 年第二学期实训中心各班级实训课教程数

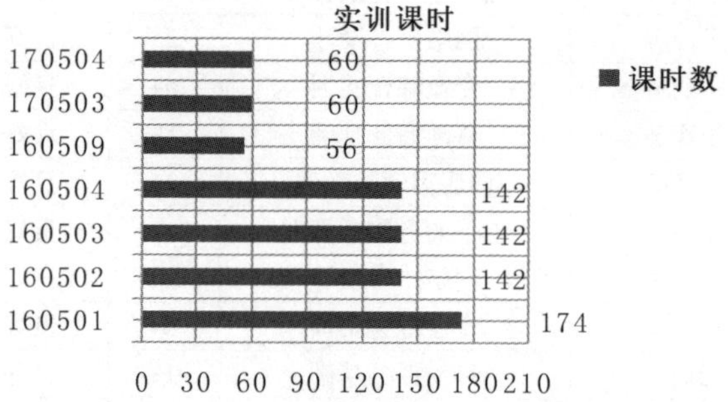

图 6　2017—2018 年第二学期实训中心各班级实训课时数

（五）教学改革成果明显

（1）学生团队参加 2017 年教育部“优优汇联杯”电子商务实战技能大赛获得二等奖。

（2）王军、王媛媛老师指导学生团队参加教育厅 2018 电子商务技能大赛获得优秀奖。

（3）电子商务专业学生参加了在安徽大学举办的“徽府茶行杯”——2018 中国（安徽）大学生茶文化创新大赛获得三等奖和个人三等奖。

（4）“现代学徒制的电子商务专业人才培养模式改革与实践”项目在 2018 省级质量科工程中获得省级教学成果二等奖。

（5）王媛媛被认定为中级“双师型”教师；李二涛、王军、张萍被认定为初级双师。

五、后期建设方案及措施

（1）维护好、使用好实训中心设备，让在校 2014、2015 级学生（共 223 人）以及 2016 级新生（4 个班 213 人）充分利用实训环境和实训软件完成实践改革的教学任务。

（2）使用课题经费招标购置微商运营设备，特别是移动设备和笔记本电脑，引入校园 WLAN 和电信宽带，增加网络运行带宽。

（3）跟随微商发展速度，改革实践教学内容，在校园内培育更多的电商运营团队，输送优秀学生到电商企业，服务安徽电子商务企业。

（4）扩大宣传力度，制作宣传片，吸引更多学生参与团队建设，扩大电子商务特色专业的影响力，增强学院电子商务专业分类招生的竞争力。

安徽省高等学校质量工程项目进展报告
项目类别：大学生创客实验室计划
项目名称：宜紫砂电商创客实验室
项目负责人：王帮元
建设周期：2016—2019年

省级大学生创客实验室建设项目进展报告

一、项目建设目标

（一）总体目标

以构建创新型人才培养模式的要求，全面推进素质教育，培养具有创新精神和实践能力的高素质人才，提高大学生的人文素养、科学素质，进一步激发学生积极参与科学研究、技术开发、学科竞赛等各类社会实践活动的热情，培养学生创新精神、创业意识和实践能力，建立由学校、企业、学生组织等共同参与的多层次大学生创新创业体系，推进学院校创新创业教育与人才的培养实践改革。

通过创客空间建设，结合创客教学体系，以学生的兴趣爱好为导向，提高学生的创新能力和学习兴趣，让学生以创客方式在学习过程中思考，综合运用不同学科的理论，实现跨领域的融合。通过各具特色、充满活力的教育创客空间，通过教育与产业之间的联动，实现创新型创业人才的培养目标，促进毕业学生就业能力的提高。

建设总体目标为通过校企双方共建实训基地，帮助学生校内就业、自主创业；深化校内实践教学改革，规范实训基地管理，构建高效的管理模式；建立健全学生创业指导实训中心，加强培训，为学生创业提供场所、公共服务和资金支持，达到以创业带动就业的良好目标。

（二）阶段目标

依托“创客”模式，构建技能实践的环境，激发创新和创造能力。推动当前实验教学内容和形式的变革，特别是分类招生形式下教学形式的变革，这将对教学效果产生极大的影响。

（1）通过实践、合作、开放、分享、融合的创客教学，激发学生的创新思维，强化学生的创新意识，提高学生的创新能力。

（2）依托“宜兴紫砂壶运营团队”（简称“宜紫砂运营团队”）的运营模式，引入优质成熟的电商企业运营管理方法，帮助学生获得从“想法”到“现实”的勇气和习惯，真正实现从学生到创客的转化。为学校提供实践操作的教学平台，逐渐累积创客模式管理和运营的经验。

（3）借助互联网“+”的模式实现创客团队的组建和管理，打通建立创客平台、项目孵化的通道，实现培育团队、孵化创业的目的。

（4）设计“创客”创业式学习模式及引导流程，在有目标的实践过程中学习并掌握创业实施的基本方法和具体做法，有效对接和融合电商企业就业岗位，进一步提高毕业生就业能力。

二、前期建设情况

（一）建立新型合作模式，明确校企双方职责和任务

由信息工程系领导与企业高层共同探讨发展方向，明确发展目标。双方签订战略合作协议，由企业（安徽梦森科技有限公司）提供宏观资源、技术支持和指导；学院方面的实际管理工作由电子商务教研室和教学办承担，负责制订创客实验室和校企合作的大政方针，审批具体的活动规划，比如，完成教学计划、制订并实施实习考核方案、开发相关课程等。电商创客实验室在系领导的指挥下，主要负责督促和跟进专业实践课程的开展，确保实践课程按照整体时间进度有序推进，同时制订具体课程和相关管理制度（包括学生考核制度、实习管理制度等），对实践学习效果进行测评等；派驻专业指导教师，对具体授课课程设置、日常学生管理、学生辅导、学生考核等方面与企业方进行沟通协调。

在创客实验室内，校企双方互利互通，将企业运营和学校教学有机结合，双方共同完成实验室的硬件和软件设施建设，通过引入企业岗位能力培训教育方式，充分构建创业实训信息化环境平台，实现了教学模式的创新。

（二）改革实践教学，确定创新人才培养方案

2017 年 3 月我校完成了电子商务人才培养方案的修订，并上报教务处实施执行。修订方案重点加强了实践教学的课程改革，构建培养学生实践能力、创新能力和工程实践的实验教学体系。通过到企业调研、参加全国高职教学研讨会等形式，分析市场人才需求，积极与安徽梦森科技有限公司、安徽拾穗谷生态农业科技有限公司合作，不断改革实验教学内容，重视基础型实战，结合当代企业的人才需求以及学校的教学现状，修订实训（实验）教学大纲，编写各专业的实训（实验）指导书，补充和完善实训（实验）项目，更新实训（实验）内容。

三、现状及存在的主要问题

（一）学生学习实践时间不充足

主要原因：学校专业课程时间安排比较分散，学生目前对自己的学习生活时间不能完全自主安排，大一学生还要履行晚自习到班任务，很大程度上影响学生投入创客实验室的精力。

解决对策：积极与各科教师沟通协调，专门制订有效的学生自主学习时间。特批实训学生晚自习时间进入创客实验室，通过其他时间加强理论知识的学习，以确保实践学习、理论学习两不误。

（二）学生不能完全体会真实的商业运营模式

主要原因：实验室目前没有真正的商业主体和具体的电商规范，日常运营比较校园化，运营环境相对单纯。

解决对策：通过协商，学校与合作企业成立专门的公司，完全模拟社会真实的电商运营环境。

四、阶段性成果

（1）“双 11” 业绩突出。在宜紫砂创客团队集体指导教师和学生的努力下，历经了线上实战演练，2017 年 11 月 11 日天猫“双 11”当天团队销售额突破 11 万的好成绩，成功实现了实验室初步的运营目标。如图 1 和图 2 所示。

图1　“双11”当日销售额

图2　创客学生总结销售经验

（2）为深入学习专业知识，传承专业素养，团队申报创立了紫砂茶艺社，目前已经有各级同学 18 人参与该社团的建设和维护，并且与安徽省源泉博物馆常驻工作室的罗丹老师建立合作关系，为社团学生及爱好茶艺的同学传授相关专业知识。

（3）在专业老师的带领下，积极组织团队学生参加各项活动，培养了学生的实践经验和竞争意识，把工作内容与个人兴趣相结合，提升学生的团队活力，并且在各项比赛中都取得良好的成绩。如图 3、图 4 和图 5 所示。

图 3　茶文化创新大赛

图4　2017安徽省茶艺比赛团体奖

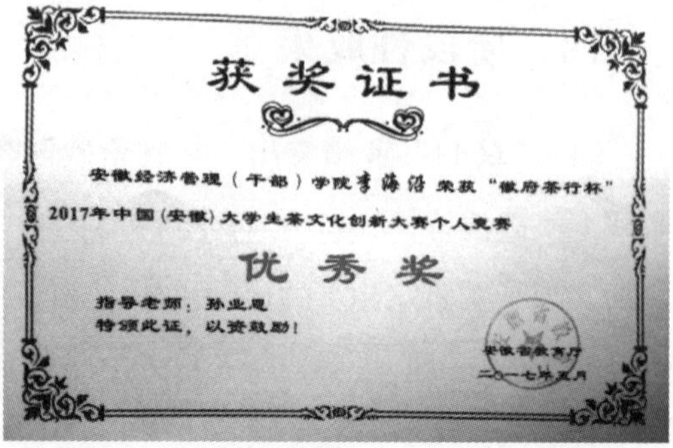

图5　2017安徽省茶艺比赛个人奖

（4）2017 年 6 月 10 日，创客实验室组织、指导由 2016 级信息工程系黄思远、余涛、夏蕊、徐晓曼等同学组成的电商创客团队，受邀参加安徽公共频道大型励志创业栏目“渺小创业纪”。这是安徽行政学院（安徽经济管理干部学院）学子创业项目首次登上安徽公共频道。 该团队分别在 3 月 31 日和 5 月 17 日取得信息工程系创业大赛第二名，校创业大赛第一名的好成绩。在“渺小创世纪”节目录制过程中，黄思远、余涛同学详细介绍了自己的创业项目和创业规划，并从容地回答现场嘉宾评委和四位创业风险投资人提出的各种问题。在这个更大的舞台上，让更多投资人看到了自己的创业项目，朝着创业梦想又迈出了坚实的一步，并且成功于现场获得两位风险投资人的投资意向，最终团队出让 10% 的股权，获得安徽华远成就投资有限公司的 80 万元的创业风险投资。如图 6 和图 7 所示。

图6　创客团队参加节目录制

图7　两位同学现场介绍项目

（5）为满足产品包装需求，组织建立电商创客实验室摄影团队，内含专业的摄影设备，请专业的教师教授专业知识和拍摄技巧。如图 8 所示。

图 8　专业的摄影设备和教授老师

六、后期建设方案及措施

（1）构建“5 位互动式”电商人才培养体系。学校与企业共同组建运营团队，实现互动教育体系。在国家政策指导下，学校系部、电商企业、实训教师、优秀学生之间建立互动关系。

（2）紧跟国家政策举措，切实维护团队学生的创新理念和创意构想，实事求是履行电商项目规划的目标。

项目类别：安徽省高职院校实习实训基地建设项目
项目名称：全程电子商务创业实训基地
项目负责人：王邦元
建设周期：2017—2019年

全程电子商务创业实训基地建设方案*

一、安徽电商产业发展人才需求

中国电子商务研究中心监测数据显示，截至2016年12月，中国电子商务服务企业直接从业人员超过305万人，由电子商务间接带动的就业人数已超过2240万人。在直接就业人员上，随着电商的规模化发展以及不断向农村市场下沉，更多的传统企业加入到电商的行列，带动了电商从业人员人数的不断攀升。调查显示，电子商务成为女生最为青睐的职业。在间接带动就业人员上，随着电子商务产业的迅猛发展，通过其衍生出来的新职业也如雨后春笋般涌现。如网络模特、店铺装修师、淘宝文案、电商主播、买手、试客等。这些新兴职业日益成为传统就业模式的补充，被越来越多的年轻人所选择。

2016年9月26日安徽省委省政府印发《关于推进“电商安徽”建设的指导意见》，“指导意见”明确安徽省电商产业的发展目标：到2020年，全省电子商务市场规模明显扩大，应用水平大幅提升，创新能力显著增强，服务体系基本健全，实现电子商务与其他产业深度融合，现代服务业比重和水平显著提升，建成产业体系较为完整的电子商务大省。

1. 电子商务产业规模跨上新台阶

到2020年，全省电子商务年交易额超过1.3万亿元，年均增长20%，网络零售额超过2500亿元，年均增长30%，农产品电子商务年交易额超过900亿元，年均增长40%。

2. 电子商务集聚效应明显增强

到2020年，培育一批具有行业影响力的电子商务品牌企业、专业性电子商务平

*2017年安徽省省属公办高职院校实习实训基地建设项目：全程电子商务实训基地。

台和电子商务服务企业，建设一批布局合理、业态先进、带动性强的电子商务产业园区。把中国（合肥）跨境电子商务综合试验区建设成为国内领先的跨境电子商务集聚区。

3. 电子商务应用水平进入全国前列

2017 年安徽省省属公办商联院校实习实训基地建设项目：全程电子商务实训基地。推动电子商务与服务业、农业、工业深度融合，推进电子商务进农村、进社区、进企业，实现县级电子商务综合服务体系全覆盖、社区电子商务便民服务网点全覆盖、大中型企业电子商务应用全覆盖。

4. 电子商务创新能力显著提升

基本形成以企业为主体、科研院所密切协作、政府引导支持的电子商务创新体系，支持组建电子商务协同创新联盟，建设一批电子商务研发中心、应用促进中心和大数据中心。

（一）人才就业环境优势明显

安徽跨境电子商务产业园和合肥综合保税区、出口加工区、空港经济示范区作为试点区域，到 2017 年，引进培育 20 家以上跨境电子商务龙头企业，实现进出口额达 20亿美元以上；到2020年，聚集跨境电子商务企业1000家以上，线下园区10个以上，实现进出口额 100 亿美元以上。安徽跨境电子商务产业园内的合肥国际邮件互换局兼交换站试运营，可实现对美国、日本、澳大利亚、俄罗斯等 10 个主要跨境出口国家和地区的邮件总包直封，每天可发送国际包裹 4 万件。据中国电子商务研究中心监测显示，跨境网购用户在 2014—2016 年两年间增长了约 0.25 亿人，预计到 2017 年，跨境网购用户将达到 0.5 亿人。跨境网购用户的增长预示着跨境网购的方式已经逐渐普及，更多的消费者加入海淘大军，跨境网购已不再是高大上的购物方式。

（二）人才需求市场巨大

中国电子商务研究中心数据显示，2016 年中国农村网购市场规模达 4823 亿元，同比增长 36.6%，预计 2017 年全年将达 6000 亿元。按照计划，我省今年将全力推进农村电商公共服务全覆盖、物流配套全覆盖、乡村网店全覆盖。农业网站、电商软件的建设和维护、农业信息的采集和发布、农业市场行情的分析和反馈都需要专门的人才。

根据淘宝大数据显示，越是年轻的群体越喜爱用移动端购物，90后群体使用移动端成交的商品接近七成，是不折不扣的“移动控”。服装行业中，22岁以下的年轻人群体移动电商的渗透率更是高达82%。在大学生群体中，北大清华等几所综合类高校移动端占比高于全网平均水平。移动端消费者则更追求高生活品质，偏好的商品诸如门票、酒店、度假、网游等，也更喜欢购买全球购商品。中国电子商务研究中心数据显示，2016年中国移动网购交易规模达到44726亿元，而2015年达20184亿元，同比增长121.6%。可见移动电商的专业推广运营和创新创业人才需求市场巨大。

（三）人才培训需求面广

依据安徽省内人才需求，以各大知名电子商务平台、互联网企业为载体，开设速卖通培训、亚马逊培训、eBay培训等主流跨境电商平台培训课程，微商网络运营技术培训课程，农村电商服务技术培训课程。架设电子商务全网式组织结构培训通道，使学生就业具有更加广泛的电子商务专业能力选择面。

二、基地现有基础

（一）硬件环境

自2010年省级电子商务特色专业建设点建设完成以来，学院继续加大投入，重点扶持电子商务特色专业后期建设，目前已建有电子商务O2O大学生创业实训室、专业摄影棚和电商创客实验室。

（二）软件环境

1. 电子商务专业省级项目建设基础

2010—2015年获得安徽省教育厅质量工程项目：省级电子商务特色专业建设点，顺利完成并结项。

2015—2018年获得安徽省教育厅质量工程项目：校企合作O2O电商创业实践中心（省级实验实训示范中心）。

2016—2019年获得安徽省教育厅质量工程项目：宜紫砂微商创客实验室（大学生

创客实验室）。

2. 省级教学团队及教研项目建设基础

电子商务专业教学团队是2013年获批的省级电子商务教学团队，2016年结项。团队成员共12人，职称、年龄结构合理，年富力强，其中教授4人，副教授3人，讲师3人，助教2人，团队内高级双师型教师3人。

安徽省教育厅教学研究项目2项：面向岗位群的高职电子商务人才培养模式研究与实践结项（2012—2014年）；“互联网+”时代高职高专数据库课程教学改革研究与实践（2015—2017年）。

全国高等院校计算机基础教育与电子商务研究会项目1项：电子商务现代学徒制模式研究。专著1部：现代电子商务人才培养模式改革与管理（中国科技大学出版社2015年出版）。

3. 学生创新创业团队建设基础

2010—2016年指导学生参加省级职业技能大赛三等奖2项、全国信息技术大赛一等奖1项和安徽省大学生职业规划设计大赛暨大学生创业大赛获得金奖3项、银奖1项。

三、建设全程电子商务创业实训基地的必要性

随着互联网应用的不断发展，“互联网+”已经越来越具有经济价值，更为传统经济起到了巨大的推动作用。电子商务已成为了一个不再新奇的重要产业，但却成为中国经济的支柱。2016年中国持续加大政策扶持力度，通过“互联网+”来促进传统企业转型升级。从中央到地方，电商已成发展之重点。我院电子商务专业作为高等学校的省级特色专业，在电商专业高素质创业型技能人才的培养方面担负着重要作用，建设全程电子商务创业实训基地更具必要性。

（一）响应国家政策方针

《商务部关于加快推进电子商务人才培训工作的指导意见》要求建立地方电子商务人才继续教育基地，组织开展电子商务紧缺人才、高端人才和专业技能人才的培养。鼓励行业组织和专业培训机构开展人才培训。充分发挥大中专院校、社会专业培训机构、电子商务企业和行业协会在人才培育及岗位能力培训中的作用，通过各种措

施鼓励和发展完善电子商务人才社会化培训体系，逐步推进人才队伍建设工作。《国务院关于大力发展电子商务加快培育经济新动力的意见（国发〔2015〕24号）》中明确提到要加强电子商务人才培养培训，支持学校、企业及社会组织合作办学，探索实训式电子商务人才培养与培训机制。因此，进一步扩大校内、校外的实训基地迫在眉睫。由于校外实训基地受到数量、规模、效用等方面的影响，实训的展开不能仅依靠校外完成，还必须要开发和建设校内实训基地。

（二）助力我省电子商务与供给侧改革，推进“电商安徽”建设

2016年安徽省委省政府出台的《关于推进“电商安徽”建设的指导意见》为全省大力发展电商经济指明方向。《意见》提出以推进“电商安徽”建设为突破口和切入点，加快改造传统经营模式和生产组织形态，推动电子商务与供给侧结构性改革有机结合。电子商务是互联网与商务活动紧密结合的产物，促进产品的充分流动和要素的有效配置，在推进供给侧结构性改革中，为市场机制更好发挥资源配置决定性作用提供新渠道的同时，也为政府精准施政、有效作为提供新手段。

（三）实现高等职业技术教育目标

加强实训基地建设是办好高等职业教育的关键所在，要实现高等职业教育的培养目标，除了靠先进的办学理念、正确的治校策略外，还需加强实训基地的建设。实训教学是培养学生创造能力、开发能力、独立分析和解决问题的能力，全面提高高职学生素质的重要教学环节。使学生能够在特定的职业氛围条件下训练其应该具备的职业素质和职业道德，是高等职业技术教育发展的必然要求。

（四）满足电子商务行业的快速发展对高技能型人才的需要

近几年，随着互联网的发展和电子商务的迅速崛起，各行各业对于电子商务人才的需求越来越大，但是目前我国电子商务人才现状不够理想，无论是人数还是人才结构都不能够满足市场的需求。我国电子商务发展水平越来越高，很多行业都会涉及电子商务，这也给电子商务的发展带来新的契机。但是目前我国电子商务高技能型人才十分缺乏，在培养高技能型人才的职业教育中，实践教学占有十分重要的地位，突出

实践性教学必须加强校内实训基地建设。

（五）满足新形势下电子商务专业的实践教学改革与发展要求

培养符合社会需求的高素质电子商务人才是电子商务专业价值的直接体现，但电子商务专业学生的实践能力始终不能满足企业相应岗位的要求。电子商务实践基地的建设具有深化专业实践教学改革与发展的导向作用，是培养适应社会实际需求的职业化电子商务工作者的战略选择，也是促进学科发展和国家电子商务发展的重要举措。目前我院电子商务专业的软硬件环境勉强支撑实训教学，随着电子商务专业在校生数量的快速增长（目前在校生 500 人），原有的实训条件已经不能完全满足电子商务专业学生实训的要求，实训环境直接影响电子商务专业学生的实训效果，企业真实实训项目严重匮乏，学生无法体验真实电子商务企业情境，难以适应社会对电子商务人才综合素质的要求。在此情况下，为了有效解决我院电子商务专业实训教学所遇到的瓶颈问题，急需建立综合性的、高水平的全程电子商务创业实训基地，以满足新形势下我院电子商务专业的教学要求。

（六）培养创新创业人才，以创业带动就业

在当前的经济形势下，全国各类院校应将电子商务课程及专业的转变和电子商务创业型人才的培养提上议程，市场不但需要懂得电子商务的操作流程、营销策划的原则、网站建设运营技术、掌握电子商务物流管理的单项人才，而且更需要具备创业意识和创业素质，塑造现代综合性电子商务人才。以完备的理论知识的实战经验装备电子商务创新型人才，以创业带动就业，一定能够拓展职业教育人才的输出渠道，培养出对社会经济有益的高素质创业型人才，这也是院校人才培养的方向和思路。

（七）校企合作培养，教学寓于实践

企业的需求是检验人才培养是否成功的重要方法之一。让企业直接参与电子商务人才的合作培养，学以致用，更能加快提高学生的积极性和学习成效。学校和企业进行合作培养电子商务人才，由企业提供电子商务创业实战平台，学生获得创业实战机会。学生能够在真正的电子商务平台上进行创业实践，将所学所知真正运用到实际中

去，从而能够对市场的实际需求有进一步的了解，在学习的过程中有的放矢。这不仅能够帮助学生在校期间获得丰富的社会工作经验，让学生在未来的职业竞争中更具竞争力，也能让学生在校就开始创业，化被动为主动。

（八）以市场为基点，建设创业型电子商务学科

电子商务是创业性非常强的学科，要求学生具备较强的理论联系实际、学以致用的能力。而在校园内，学生缺少实际工作的体验和机会，创业意识和能力有待提高。改革传统的教学模式，加大实验实训和实践环节的教学力度，加强学生了解、接触和从事实际工作的意识和能力，培养学生的创造性思维，已经成为各类院校电子商务相关学科发展的方向。为实现这一目标，学校必须建设综合性、开放式的电子商务实训中心，引入电商企业作为学生学习模型，企业家作为学生创业导师，增强学生创业意识和技能。必须切实以市场为导向，对电子商务人才的需求和更深层次的实际要求有清晰的认识，整合电子商务类、创业类实践教学软硬件资源。

四、建设目标

（一）总体目标

建设全程电子商务创业实训基地，满足500人的电商实习实训与创业的实践任务需要，实现学生知识学习、技能培养、素质养成和实习实训的完整训练。开展电子商务学科研究，做强电子商务主干专业，服务区域经济，培育学生创业团队，孵化学生创新创业。将企业真实业务、企业实际运营平台、产品供应链、标准化的企业管理体系、企业核心管理和技术团队引入学校，实现高校和企业知识技能无缝衔接，促进产业和教育深度融合。

（二）建设目标

1. 强化学生能力培养，实现“教、学、做”一体化

为我院电子商务教育的实践与理论相结合提供场所，强化学生电子商务操作能力、团队协作能力和创新管理能力，为培养电子商务合格人才创造条件，使教学、实验、实训和操作融为一体，实现“教、学、做”一体化。

2. 创设真实场景实践环境，打造网络创业生态链

采用电子商务企业实际办公环境对实训基地进行布局，按照真实的企业运营模式来运作，创设真实场景实践环境。学生能够以团队的形式开展真实项目运营，根据项目的经营情况，学生在教师指导下各司其职，充分协调、密切配合，畅通业务流程，打造网络创业生态链。

3. 激发教师创新精神和创新动机，打造高素质师资队伍

通过电子商务创新创业实践基地的建设，为教师搭建创新环境，营造良好的创新氛围，形成教师的创新场，激发教师创新精神和创新动机，进一步增强教师的创新意识和开拓精神，打造一批具备学术创新和实践创新的高素质师资队伍。

4. 探索智慧扶贫新模式，夯实精准扶贫人才基础

积极探索智慧扶贫新模式，借助我校电子商务创业实训基地，为贫困地区网店开设和运营提供策划、培训、IT 外包、美工、代运营等专业服务；为大学毕业生、农村返乡创业青年和大学生村官提供电商企业实习锻炼的场所、创新创业孵化基地，夯实精准扶贫人才基础。

5. 加强实用人才职业培训，增强社会服务能力

加强对县城电商专业管理人才、企业电商领军人才以及农村运营网店实用人才的培训；加强与行业的联系，向企业提供技术、培训服务与跨境电商外包项目等实现校企双方的互利共赢；合理利用实训基地资源，为进城务工人员和农村富余劳动力进行职业培训。自 2017 年起，每年培训不少于 200 人，带动就业岗位 600 人。

五、建设思路

（一）基地建设的指导思想

根据专业教学要求，电子商务专业实践教学要具有相对稳定性，与之配套的基础设施具有先进性，教育效益、经济效益和社会效益具有示范性，管理模式和运作方式具有企业级的规范性，与理论教学和技术发展同步的结合具有紧密性。打造全程电子商务创新创业人才输出基地。

（二）基地建设总体规划

利用3年时间，总投资约300万元，占地面积约200m^2。坚持产、学、研紧密结合的原则，集教研、教学、实训、产业人才培训、承接产业项目、创业孵化器等职能于一体。基地主要服务于电子商务骨干专业方向，如互联网营销、跨境电商、移动电商等，同时可作为其他相关国际经济与贸易、网络营销与策划等专业的公共课和选修课的实训平台，拓展其他专业在本行业营销、推广、策划岗位的就业面。基地将陆续引进行业领先企业，打造资源深厚的产业平台，为基地提供强大的专业资源、技术支持、跨境电商外包项目等。学生将接触到最前沿的新兴学科、专业技能及真实项目，并在企业化的管理制度下学习、实践、提升，旨在使学生提前感受企业的真实工作氛围，提早适应综合电商产业人才的工作环境。

（三）基地建设具体措施

1. 发挥校企合作优势，强化落实“产”与“学”结合

目前学院在电子商务专业建设上具有省级特色专业、省级电子商务教学团队、省级校企合作示范中心、省级创客实验室等方面的优势和校企合作的经验。我们将逐步引入更多企业进行深度校企合作，以电子商务能力培养为主线，充分将“产”与“学”联系起来，按照企业实际办公环境布局，把整个实训基地分为实践教学区和真实项目运营区，实训模式采用3段式模式进行实训。

第一阶段为基本技能训练，选取典型的、可学习性强的、符合培养目标的工作任务，通过系统的教学设计，形成适合学生学习操作，且能够培养学生综合职业能力的实训项目，将学生的技能与职业能力有机结合，使学生能够更快的适应社会需求。

第二阶段为真实项目运营阶段，与企业深度合作，努力引进真实项目，营造实际工作氛围，将企业真实电商项目任务与学生的技能训练结合起来，实现生产实训一体化的教学。

第三阶段为创业创新能力训练，在全校范围营造创新创业氛围，积极组织全校学生参与创新创业比赛，制订个人创业计划。加强与校友、企业家的联系，组建创业教育专家指导团队，对创业项目运营进行诊断与指导，实现“院校老师”“企业技术能手”“创业实战专家”联合指导。借此契机将基地打造成为电商专业“产”与“学”结

合的样板与名片，成为电商及网络营销类专业实训基地的标杆。

2. 探索智慧扶贫，提高社会服务能力

借助全程电子商务创业实训基地，深化我院精准扶贫工作，提高学院社会服务能力。以精准扶贫为目标，针对建档立卡贫困户、电商创业脱贫带头人、农村青年致富带头人、村级信息员和残疾人专职委员等，整合各类培训资源开展电商扶贫培训，传授电商创业方式和电商营销基本技能，帮助他们改变思路，探索针对当地农村特色农产品和乡村旅游创新电商开展模式，不断壮大电商创业队伍，帮助贫困人员就地就业等，拓出“电商+扶贫”发展新天地，为推动电商精准扶贫起到示范引领作用。同时，以实训基地为依托，联合企业面向社会提供电商咨询、电商代运营、项目孵化指导、区域活动承接、培训认证、横向课题研究等一系列社会化服务在内的电商综合服务活动。

3. 提升教研科研水平，建设研发基地

依据网络营销、电子商务等相关专业教学要求和专业发展的需要以及教、科研的要求，投入最新的教学仪器与设备，并根据国内跨境电商、移动电商、农村电商等领域的技术进步与发展，利用大数据分析适时更新，注重不断提高实训基地数据及服务的时效性与科技含量，与产业发展同步。同时，鼓励教师参与实践教学与外包项目的实施，推动学院教、科研工作的发展。通过基地全天候的开放，教师积极参与教、科研，以教、科研带动教学，以教学促进教、科研，形成教学、课改、科研的有机结合，使之具备技术含量高的特点。

4. 发挥资源服务优势，培训行业新技术

与企业联合协作，及时把行业的新技术、新案例反馈到实训基地，使实践教育能及时体现出经济的发展与技术的进步。同时，充分发挥基地高新设备与产业资源的功能，在做好院内教学、实训、教研的同时，拓展为社会或同类学校提供技能等级考核、人才培训、课题研究、营销项目承接等多方面的社会服务功能，使之具备开放性特点。

通过建设，将我院电子商务创业实训基地建设成为支撑合肥电子商务产业发展、关键共性技术研发和转移的重要基地，成为合肥电子商务产业技术人才的集聚地，成为全安徽电子商务高级技术技能型人才的培养高地。

附　录

一、电子商务专业相关建设项目列表

（一）2018年教学科研项目列表

序号	主持人	项目、教学成果、技能大赛、论文、专著名称	级别	时间
1	李亚平	基于UCON模型的个人信息动态监管研究	省级重点	2018年6月结项
2	李亚平	多边界政务协同中的动态信息共享机制研究	省社科	2018年在研
3	姜婷	基于群智算法的应急物流关键问题优化研究	省级重点	2018年立项
4	姜婷	基于斯坦福+硅谷协同模式将合肥打造成“中国声谷”策略研究——筹划合肥市政府、企业与中科大及省外一流高校产学研一体化协同创新发展云平台	市级	2018年结项
5	何鲲	培育服务安徽乡村振兴战略的农村电子商务新动能研究	院级专项	2018年立项
6	何鲲	STEAM教育和创客教育融合下电子商务专业创新型人才培养模式研究	省级重大	2018年立项
7	王帮元	新型智库数据平台研究	院级专项	2018年立项
8	王帮元	安徽高职院校实训基地建设	省级	2018年建设项目
9	王媛媛	基于专业群的电子商务技能人才校企合作培养模式研究	院级	2018年立项
10	王军	现代学徒制的电子商务人才培养模式改革与实践——以安徽经济管理学院为例	四类	2018 第14期
11	李亚平	Research on Clustering Method of Improved Glowworm Algorithm Based on Good-Point Set	SCI	2018年
12	李亚平	多主体协同的网络个人信息使用控制方案研究	三类	2018年第5期
13	李亚平	《有限实名网络环境下的个人信息保护》	专著	2018年

（二）质量工程与科研项目（主要研究人员主持或参与）

项目名称	类别	研究人员	时间
高职高专省级专业带头人 （2014年再次获得振兴计划支持）	省级	周伟良	2010年立项
面向岗位群的高职电子商务 人才培养模式研究与实践	省级教研一般项目	王帮元、李亚平等	2014年结项
电子商务省级教学团队 （2013jxtd115）	省级	刁李、姜婷、 王帮元等	2013年立项
“网页设计与制作”精品课程	院级	王帮元等	结题
高职电子商务人才培养模式 研究与实践研究	院级	王帮元等	结题
校企合作电子商务创业实践基地	院级	王帮元等	结题
多边界政务共享信息的动态监管研究 （2013SQRW115ZD）	高校省级优秀青年 基金重点项目	李亚平等	2013年立项
有限实名网络中的个人 信息动态监管研究	国家社科基金项目	周伟良等	2013年立项
“互联网+”时代高职高专数据库课程 教学改革研究与实践（2015jyxm738）	省级教研一般项目	姜婷、王帮元等	2015年立项
校企合作O2O电子商务创业实训中心 （2015sxzx060）	省级示范实验 实训中心	周自斌、王帮元等	2015年立项
在线社交网络信息对客户关系的影响 （KJ2015A348）	高校自然科学 研究重点项目	李旭军、王帮元等	2015年立项

（三）教学成果获奖情况（院级以上奖励）

项目名称	奖励名称	奖励级别	时间
周伟良等，“管理信息系统”教学综合改革创新研究	教学成果奖	省级二等奖	2010年
王帮元等，安徽省职业院校技能大赛（指导教师）	高职组网页设计项目	省级三等奖	2010年
王帮元等，面向岗位能力的电子商务专业项目化课程开发与改革实践——以“网页设计与制作”课程为例	教学成果奖	院级二等奖	2011年
王帮元等，基于NET平台论文选题及指导系统的研究	教学成果奖	院级三等奖	2010年
全国电子商务沙盘模拟大赛	指导学生技能大赛	优秀奖	2011年
全国信息技术电子商务运营大赛	职业技能大赛	省级一等奖	2012年
王媛媛，省高校教师大学生创业指导大赛	教师大赛	省三等奖	2013年
大学生创业就业职业暨规划大赛	指导学生大赛	院级三等奖	2014年
安徽省职业技能大赛计算机网络应用	指导学生大赛	省级三等奖	2015年

（四）教学改革的主要论文

论文、著作题目	期刊名称、卷次/出版单位	时间
面向高职电子商务专业岗位群的课程设置研究	《电脑知识与技术》第6卷第31期	2010年11月
基于逆向工程的高职电子商务人才培养模式研究	《人力资源管理》第12期	2010年12月
“网页设计与制作”精品课程建设探索与实践	《电脑知识与技术》第6卷35期	2010年12月
高职院校学生校外实训管理	《人力资源管理》第5期	2011年5月
基于真实项目的高职教学模式改革与实践	《南昌教育学院学报》第26卷第10期	2011年10月
二分图最优匹配算法在任务驱动式教学效果分析中应用	《合肥学院学报》第22卷第1期	2012年2月
簇头优选及节点个数优化LEACH协议	《长春工业大学学报》（自然科学版）第34卷第6期	2013年12月
基于RSA加密和DS算法嵌入的DWT变换域图像隐写	《佳木斯大学学报》（自然科学版）第32卷第5期	2014年9月
《现代电子商务人才培养模式改革与管理》	中国科学技术大学出版社	2015年7月

（五）教材建设情况（主要教材的使用和编写情况）

教材名称	作者	出版社	出版年	入选规划或获奖情况
《电子商务安全保密技术及应用》	梁兴琦	合肥工业大学出版社	2011年再版	安徽省规划教材
《电子商务概论与实务》	梁兴琦等	安徽大学出版社	2013年	学院科研成果二等奖
《ASP与网络数据库》	王邦元主编	安徽教育出版社	2010年	2013省级规划教材
《网店运营实务》	段文忠、王帮元	中国科学技术大学出版社	2014年	—
《数据库原理及应用》	姜婷	南京大学出版社	2013年	省规划教材
《计算机网络安全》	姜婷副主编	南京大学出版社	2011年	—

二、相关图片资料

（一）2018 年教学科研项目列表

荣誉证书
HONORARY CREDENTIAL
在2008—2010年院级教学质量与教学改革工程中，高职电子商务专业人才培养模式研究与实践教研项目（项目编号：2008jyxm11）经专家评审，准予结项，特发此证。
主持人：王邦元
成　员：周伟良　李亚平
二〇一一年一月八日

2011年精品课程结项证书（一）

荣誉证书
HONORARY CREDENTIAL
在2008—2010年院级教学质量与教学改革工程中，《网页设计与制作》（项目编号：2008jpkc06）经专家评审，认定为精品课程，特发此证。
主持人：王邦元
成　员：李二涛　姜婷　郭鸣宇　李亚平
二〇一一年一月八日

2011年精品课程结项证书（二）

荣誉证书
HONORARY CREDENTIAL
在2008—2010年院级教学质量与教学改革工程中，基于.NET平台的论文选题及指导系统研究成果（项目编号：2008jxcg11）经专家评审，获得教学成果三等奖。特发此证，以资鼓励。
主持人：王邦元
成　员：李二涛　焦誉
二〇一一年一月八日

2011年院级教学成果三等奖

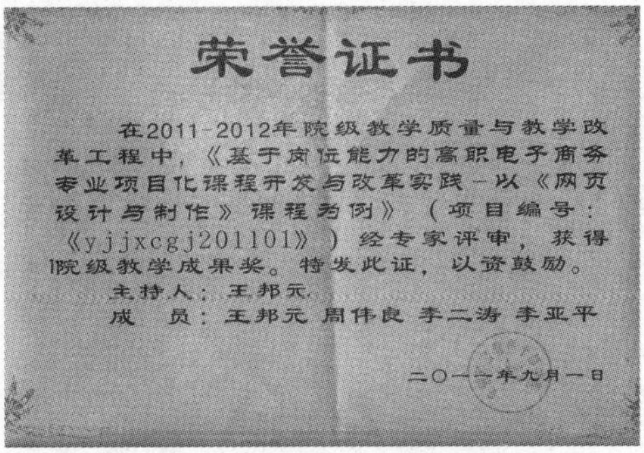
荣誉证书
在2011-2012年院级教学质量与教学改革工程中，《基于岗位能力的高职电子商务专业项目化课程开发与改革实践-以《网页设计与制作》课程为例》（项目编号：《yjjxcgj201101》）经专家评审，获得院级教学成果奖。特发此证，以资鼓励。
主持人：王邦元
成　员：王邦元　周伟良　李二涛　李亚平
二〇一一年九月一日

2011年院级教学成果奖

荣誉证书
在2011-2012年院级教学质量与教学改革工程中，经专家评审，王邦元同志获得院级教学名师称号，特发此证，以资鼓励。
安徽经济管理干部学院
二〇一一年九月一日

2011年院级教学名师称号荣誉证书

证书
2017-AL-070
安徽经济管理干部学院　王帮元　撰写的《打造电商专业就业创业群的校企合作人才培养实践案例》在安徽省第三届职业教育校企合作典型案例征集活动中荣获三等奖，特发此证，以资鼓励。
安徽省教育厅职业与成人教育处　安徽省教育科学研究院
2017年5月

2017年职业教育校企合作典型案例征集活动三等奖

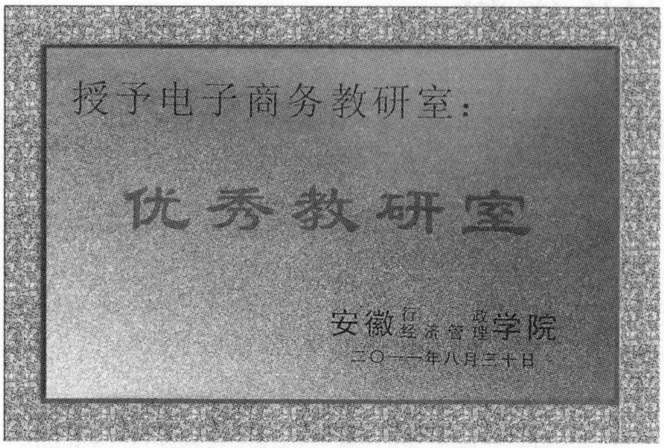

2011年优秀教研室

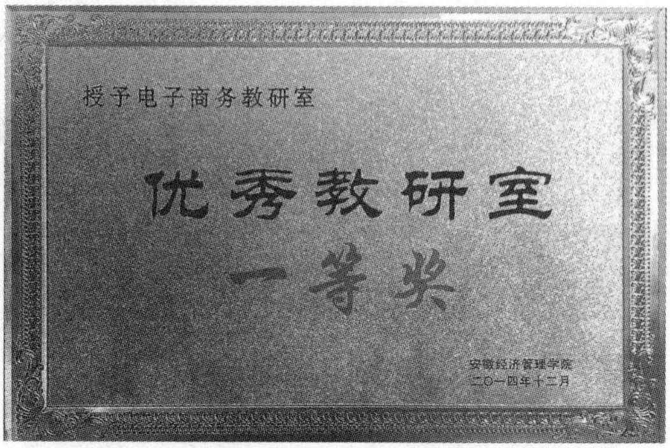

2014年优秀教研室一等奖

2018年省级教学成果奖

二等奖（一）

2018年省级教学成果奖

二等奖（二）

2018年省级教学成果奖

二等奖（三）

（二）技能大赛成果展示

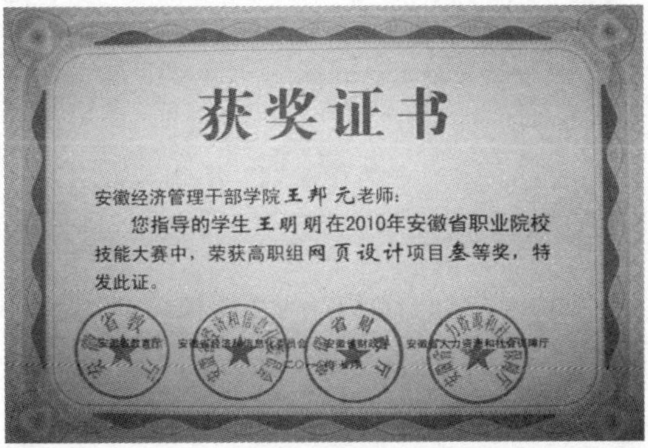

2010年省技能大赛“网页设计”三等奖

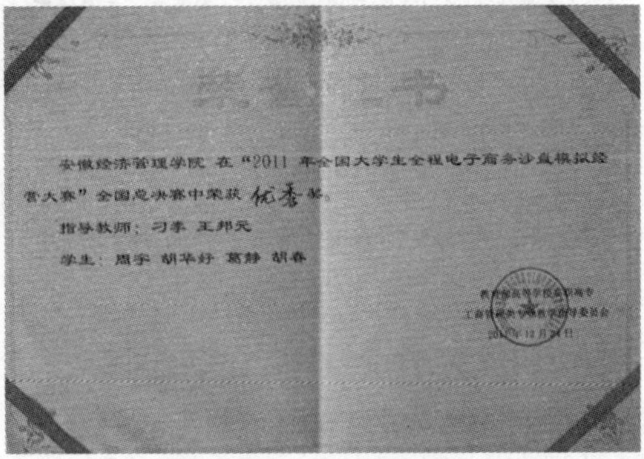

2011全程电子商务沙盘模拟大赛优秀奖

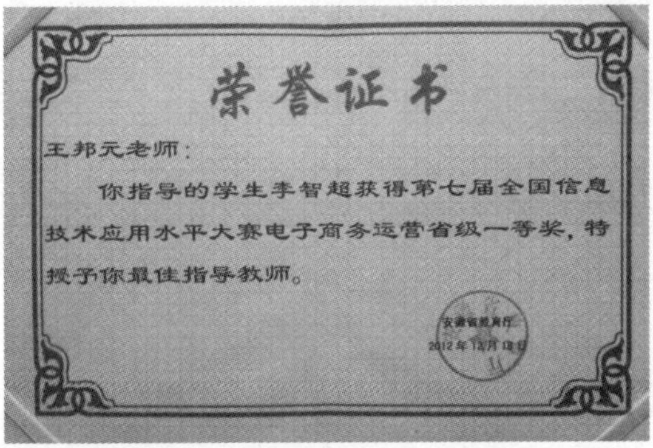

2012年技能大赛最佳指导教师奖

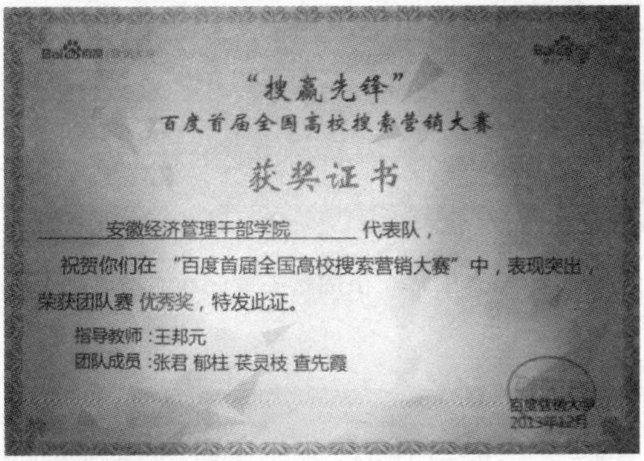

2013年团队优秀奖

2013年学院职业规划设计大赛创业组二等奖

2015年省级大学生职业规划大赛暨创业大赛银奖

2017年大学生茶文化创新大赛优秀奖

2018年任全国移动商务技能竞赛总绝赛裁判

2018年大学生茶文化创新大赛团体赛三等奖

2018年大学生茶文化创新大赛个人赛三等奖

2017“电子商务实战技能大赛”
二等奖

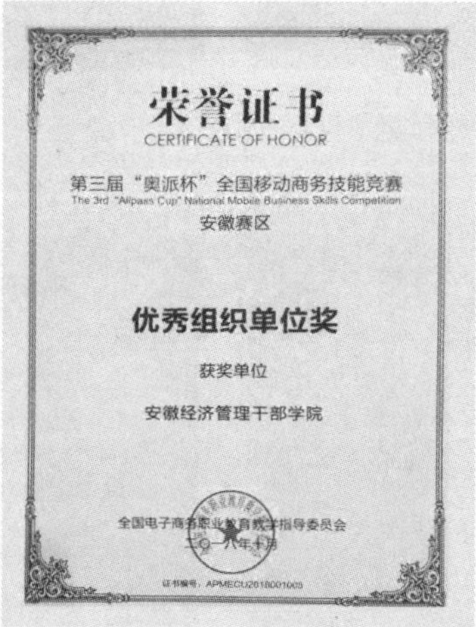

2018全国移动商务技能竞赛
优秀组织单位奖

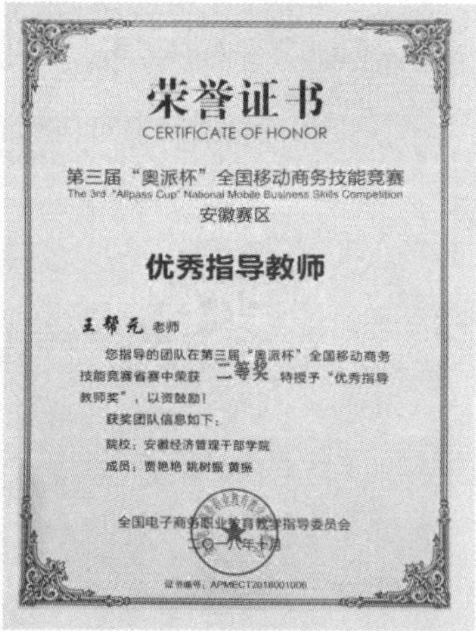

2018全国移动商务技能竞赛
优秀指导教师奖

（三）教材建设成果展示

《ASP与网络数据库》

《电子商务安全保密技术及应用》

《电子商务》

《网店运营实务》（第2版）

（四）其他

《网页设计与制作》

《现代电子商务人才培养模式改革与管理》

《SQL SEVER 管理与应用教程》

《电子商务概论与实务》

荣誉证书

HONORARY CREDENTIAL

安徽经济管理干部学院：

被评为2017年度全国高职院校创新创业教育工作先进单位，特发此证，以资鼓励。

全国高职高专创新创业教育协作会

二〇一八年十一月

2017年获得全国高职院校

创新创业教育工作先进单位

高校创新创业经验谈

安徽经济管理干部学院：

多元模式助力学生创业

安徽经济管理干部学院以电子商务省级特色专业为平台，建有省级示范实习实训中心和省级创客实验室。从2014年至今，短短的四年时间，积极探索创新创业，在人才培养上取得了优异的成果。

信息工程系主任何鹏介绍说，学院一直以来高度重视学生的创新创业教育，从2014年到现在，不断地积极探索，给学生搭建更好的创业平台，没有行动不构成创业，没有持续的行动就不可能有成功的创业。大学的创业教育，首先是要在制度层面保障创业的大学生有足够的创业时间；其次是要构建起结合学生创业实践和专业理论教学的新模式，让学生以学院为骄傲，在不断总结和坚持中看到学生收获成长。

电子商务教研室主任王帮元教授说道，安徽经济管理干部学院在实训过程中实行选拔机制，打破年级和班级限制，选拔创业"狂热者"，组建"创业梦之队"，培养学生就业竞争能力，让创业教育不是"群众体育"而是"竞技体育"。同时学院定期举办既是头脑风暴又是经验分享的创业沙龙，让领跑学生现身说法，让社会成功人士指点迷津，让创业导师鼓励打气，帮助学生更成功地创业。像重视专业建设一样重视创业教育；像看待事业一样看待创业；给创业实践机遇；给创业学生名份；给创业业绩突出的学生荣誉；允许创业学生放开手脚去创去闯；给创业学生以充分的时间保证；让学生一心一意不受干扰地创业。

电商创业导师吴捷，展示了信息工程系学生的创业成果，如宜兴紫砂、匠心味觉食品和户外运动装备等电商项目。并且告诉我们，在学校成绩好的是好学生，创业好的更是好学生。我们的目的是让学生活得更加有自信，让校园生活过得更精彩。创业是最好的实践教育手段，我们的学生要创业。

何欢欢 左兰兰

余涛：选择和努力一样重要

一个大二的学生，当月个人销售额达到18万，个人纯利润3万多。是不是匪夷所思？余涛，安徽经济管理干部学院信息工程系电子商务专业16级学生，一个20岁的阳光男孩，正在规划着自己的创业梦想。

一年前，刚刚成为大一学生的他，就加入了学院的《创业团队》创客实验室。在创业老学员的帮助下，经过半年的电商创业实训，在大一下半学期，余涛和他的团队参加了学院的创业大赛，他们的项目被选中代表学院参加省电视台的《渺小创业纪》节目，项目在比赛中得到了评委的一致好评，最终以出让项目10%的股份的方式拿到了80万元的创业风投资金。

（图左二：余涛）

2017年暑假，在创业导师吴捷的推荐下，余涛和他的团队去了电商公司，经历仓库管理、售前、售后、摄影、后期制作、运营等岗位实训，全面而真实地参与了电商公司的运营。暑假结束，回到学校的余涛和他的团队开始运营户外运动装备的电商项目，短短半年过去，2018年3月，余涛运营的一家户外运动装备的淘宝店铺，月销售额就达到18万。他表示，"随着实践运营的深入，能力自信大大提高。"同时他也表示，课堂里学的是书本知识，书本知识是他人经验的积累，而能力是自身经验的积累，没有自身经验的积累，一个人的创业能力无从形成。岸上的知识与水下的经验不是同一回事。

对于未来，余涛有自己的想法，通过经验的积累，提升自身实力。他说："未来要在学校创立自己的团队，发扬创客实验室传、帮、带的精神，带动学弟学妹们一起创业。"

左兰兰 何欢欢

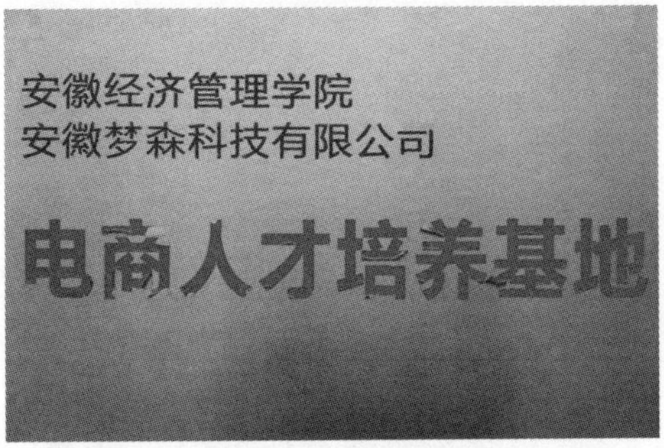

电商人才培养基地

2018年4月新安晚报报道

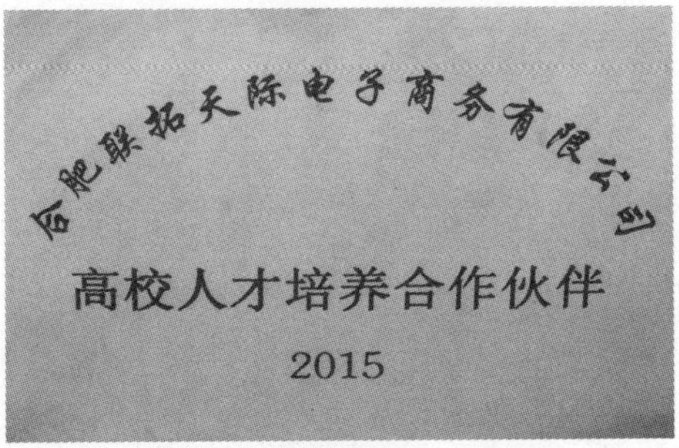

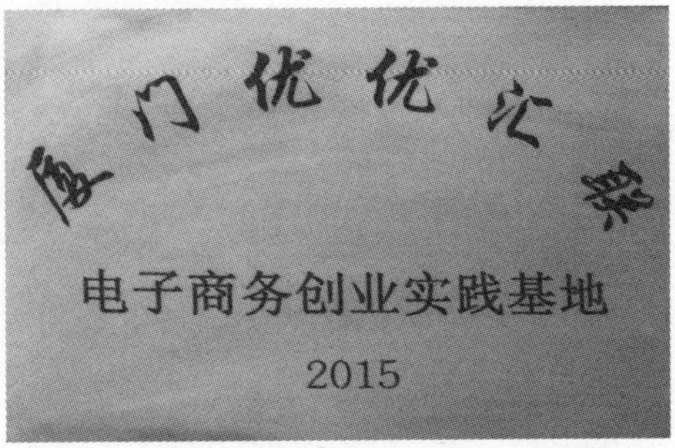

合肥联拓天际电子商务有限公司

高校人才培养合作伙伴

厦门优优汇联电子商务

创业实践基地